가난한 도시생활자의 서울 산책

개정판

개정판

가난한
도시생활자의
서울 산책

김윤영 지음

쫓겨난 자들의
잊힌 기억을
찾아서

후마니타스

추천의 글

윤영은 부지런하다. 그가 없는 서울의 반빈곤 집회는 상상하기 어렵다. 활동가 윤영이 철거민, 노점상, 홈리스와 함께 싸우며 강요당한 침묵에 저항했다면, 작가 윤영은 이들의 시선으로, 그리고 이들을 오랫동안 봐온 자신의 시선으로 도시의 지도를 고쳐 쓰고, 빈곤을 덮은 가림막을 뜯어낸다. 가난한 사람들의 강제 추방을 합법화하는 제도, 이들이 접근할수 없게 고안된 시설, 이들을 일거에 내쫓는 물리적 폭력까지, 가림막은 질기고 두꺼워 질식을 유발한다. 하지만 독자들이 이 책의 등장인물들을 단지 짓눌린 타자가 아니라 수다스러운 이웃, 도시에서 진즉에 마주쳤어야 할 동료 시민으로 느꼈다면, 그것은 윤영이 활동가이자 작가, 그리고 훌륭한 대화자이기 때문이다. 쫓겨난 이들과 한패가 된 사람이 무심한 이들까지 꼬드기는 건 쉽지 않은데, 윤영은 말로 글로 열심히 싸우며 그 어려운 일을 해낸다.

| 조문영(연세대 문화인류학과 교수)

우리는 '장애 등급제·부양 의무제 폐지'를 갈망하며 광화문역 지하차도에서 1842일 동안 농성을 했다. 농성장에는 쫓겨난 사람들과 활동가들이 있었다. 쫓겨난 사람들은 사회로부터 배제돼 격리된 사람들, 권리로부터 삭제된 사람들이었다. 활동가는 그들과 함께 지독히 차별적이고 불평등한 사회에 '작은 돌멩이'를 하나 던졌다. 그 돌멩이들이 쌓여 우리 해방의 돌무덤이 되었다. 지금도 우리는 여전히 작은 돌멩이를 던지고 있고, 이 책 역시 그런 돌멩이들 가운데 하나다. 이 돌멩이 쌓기에 동참하고 싶은 사람들에게 일독을 권한다.

| 박경석(전국장애인차별철폐연대 상임공동대표)

"대체 못 하는 게 뭐야?" 활동가 윤영이 동료들에게 가장 많이 듣는 말일 거다. 활동가로서 해야 할 선전, 상담, 글쓰기 그리고 어울려 노는 것까지 그녀는 뭐든 잘한다. 무엇보다 눈썰미가 남다르다. 주변 사람들의 특징을 포착해 곧잘 흉내를 내곤 하는데 그때마다 모두 감탄한다. 이 모든 건 그녀의 남다른 시선 덕분이다. 서울이라는 거대한 도시에서도 작은 골목과 상점들, 그리고 거기 살던 사람 하나 그냥 지나치지 않는 그 시선이 책으로 나왔다. 앞만 보고 달려가기보다는 주변을 두리번거리며 담았던 기억들, 사람들과 눈을 마주치며 들었던 이야기들이 모여 있다. 자기 삶의 터전에서 쫓겨난 이들과 함께 울고 웃고 싸우며 쌓아 올린 이 기록을 통해, 이 도시에서 당신의 시선은 어디에 머물고 있는지 되돌아보면 좋겠다.

| 이원호(용산참사진상규명위원회 사무국장)

일러두기

* 이 책의 초판은 2020년 5월 26일부터 2022년 7월 15일까지 저자가
<비마이너>에 연재한 「쫓겨나는 이들의 서울 산책」을 기반으로 했다.
* 개정1판에 추가된 열두 번째 산책 「동대문」과 열세 번째 산책 「국회 앞」의
기반이 된 인터뷰는 2025년 9~10월에 이루어졌다.
* 일부 인터뷰이는 가명을 사용했으며, 나이는 인터뷰 당시를 기준으로 했다.
* 지역명(특히 동명)은 당시 시점을 기준으로 했고, 보통은 행정명을 따랐으나
법정명을 따른 곳도 있다.
* 저작권 표시가 없는 사진은 모두 저자 김윤영의 것이다.
* 단행본·정기간행물에는 겹낫쇠(『 』)를, 논문·기사 등은 홑낫쇠(「 」)를,
온라인 매체, 노래와 영화, 시, 그림 등에는 홑화살괄호(< >)를 사용했다.

차례

들어가며

스무 살이 되기 전까지 스무 번 가까이 이사를 다녔다. 내가 자란 곳은 경기도 여기저기의 신도시들이었다. 비슷한 시기 지어진 아파트에 사는 가족들은 똑같은 집의 구조처럼 생활양식도 비슷했다. 아파트는 가격에 따라 계층을 걸러 내는 속성이 있어서 신도시 주민들의 계급적 속성은 균일하다. 그만큼 서로 간의 작은 차이는 실제보다 더 크게 다뤄진다. 몇 해 전 공공 임대주택에 사는 친구를 멸칭으로 부른다는 아이들에 관한 뉴스가 보도됐지만 내가 신도시에 살던 1990년대에도 그런 일은 많았다. 우리 동네 아이들은 아파트 브랜드와 몇 동에 사는지만 들어도 그 집의 평수를 유추해 내는 능력이 있었다. 그 세계는 똑같은 집 구조만큼이나 지루했지만 나 역시 그 일부였다.

그래서 서울이 좋았다. 조금만 튀어도 이런저런 소문이 돌던 신도시를 떠나 스무 살부터 살기 시작한 서울은 익명성이라는 안정감을 주는 도시였다. 이곳이야말로 내가 앞으로 속할 도시라고 생각했다. 하지만 이런 기대는 오래가지 않았다. 서울에서 내 한 몸 붙일 곳을 찾기란 참 어려운 일이었다. 저렴한 월세방들은 모서리가 똑바르지 않아 어떻게 가구를 놓아도 엉성했고 겨울이면 습기가, 여름이면 더운 공기가 방 안을 가득 메웠다. 부푼 마음으로 인테리어 사이트들을 뒤적이며 '스위트 홈'을 꿈꾸던 날들은 아침 해가 뜰 때까지 곰팡이 냄새의 근원을 찾아 헤매는 신경증에 자리를 내주었다.

서울에 온 지 20년이 넘었지만 내가 정말로 서울에 속한 것일까 생각하면 여전히 자신이 없다. 이웃과 골목길들에 익숙해질 무렵이면 이삿짐을 싸야 했고, 정든 가게들은 장사가 잘되면 잘돼서, 안되면 안돼서 자리를 잃기 일쑤였다. 내가 빈곤사회연대에서 만난 홈리스, 노점상, 철거민들도 그렇게 자리를 빼앗긴 이들이었다. 서울에 대한 일말의 소속감은 그들을 기억하면서 생겨나기 시작했다. 새 아파트가 들어선 자리를 보면 거기서 작은 천막을 치고 농성하던 곱창집 사장님이 떠오르고, 구청 앞을 지날 때면 피켓을 들고 서있던 철거민들이 생각나고, 새 빌딩이 들어선 자리를 보면 그곳에 있던 생선구이집들과 토스트 할머니의 포장마차가 뭉게뭉게 떠오르면서 말이다.

이 글은 그렇게 밀려나고 쫓겨난 사람들에 관한 기록이다. 경의선숲길과 아현, 용산, 독립문, 상계동은 아파트 개발이 바꾼 도시의 지도에 의문을 제기한다. 핏줄 같이 뻗어 있던 골목들을 지우고 반듯하게 올라선 아파트들은 마을버스와 재래시장을 없애고 담장을 높여 지역의 역사로부터 스스로를 분리한다. 여기서 자리를 잃은 사람들의 눈물 자국이 아파트가 들어선 자리마다 남아 있다.

서울역·청계천에서는 누구에게나 익숙한 공적 공간들을 쫓겨난 이들의 시선으로 다시 그려 보고자 했다. 청계천의 모습이 변할 때마다 쫓겨난 상인들과 서울역과 같은 공용 공간에서조차 환영받지 못하는 홈리스들의 이야기는 여전히 어딘가에서 강제 퇴거에 맞서 싸우고 있는 사람들의 이야기이기도 하다.

광화문, 종로, 잠실 편은 이 도시의 지배적 규칙과 어긋나는 사람들의 자리에서 서울을 돌아본다. 장애 등급제와 부양 의무제 철폐를 위해 싸웠던 광화문 농성장의 장애인과 빈민들, 종각역에서 만나 종로3가에서 헤어진 동선 아저씨, 롯데월드 타워가 들어선 자리에 있던 잠실포차 노점상이 바로 그들이다.

2026년 개정판에는 동대문과 국회 앞 이야기를 추가했다. 동대문은 이 책에 실린 다른 공간들을 잇는 퍼즐 조각이다. 동대문 의류 도매상이었다가 철거민이 된 김소연은 이후 신계, 아현, 용산 철거민들의 동료로 함께하며 현장을 지켰다. 청계천에서 동대문운동장으로 쫓겨난 노점상이었다가 지금은 서울역 홈리스가 된 서성철은 이 도시의 개발이 지워 버린 것이 무엇인지를 자신의 삶으로 증언한다. 이 책의 초판이 나오던 2022년 10월 국회 앞에서는 "내놔라, 공공 임대" 농성이 진행 중이었다. 국회 편에서는 그때의 기억과 2023년 전세 사기 피해자들의 투쟁을 담았다. 국회 앞에서 있었던 이 두 농성이 집에 대한 우리의 생각과 미래를 바꿀 씨앗이 되기를 바란다.

내가 활동하는 빈곤사회연대는 다양한 단체들의 연대 모임이다. 철거민, 노점상, 홈리스, 쪽방 주민, 장애인 등 빈곤 문제의 당사자 단체들이 참여하고 있다. 우리는 가난이 개인의 게으름이나 무능에서 비롯된다는 생각에 반대하고, 빈곤의 사회적 해결을 촉구한다. 불평등한 사회가 만들어 낸 빈곤의 덫을 해체하는 것이 목표다.

한국의 빈곤 문제에서 '집'은 회피할 수 없는 주제다. 집은 불평등을 만들고 재생산하는 고리인 동시에 그 결과를 떠안은 가난한 이들을 비참으로 내모는 핵심적인 재화다. 집값 상승에 삶을 올인한 이들의 욕망은 몇십만 원 월세조차 버거운 사람들, 집다운 집에 살 권리를 박탈당한 이들이 겪는 문제와 연결돼 있다.

복잡한 문제인 만큼 일망타진의 해결책은 없다. 하지만 쫓겨나는 이들과 거기 연대하는 사람들은 질기게 그 해결을 위해 노력해 왔다. 이 막막한 문제를 해결하자는 외침들은 작은 성과 하나 거두기도 어려웠지만 그 길이 그렇게 외롭거나 힘든 것만은 아니었다. 나는 별게 다 재밌어서 허송세월인데, 버스 토큰 장사부터 시작해 스마트폰 케이스 장사까지 60년을 종로 바닥에서 보냈다는 노점상 할머니의 하루 일과를 듣는 일도 재밌고, 가구점 사장님이 철거 투쟁에 나서기까지 어떻게 부인을 설득했는지 듣는 일도 재밌다. 자기 잇속만 차리는 사람들 사이에서도 서슴없이 옆자리를 내주는 사람들, 별 이득도 없이 처지가 같다는 이유만으로 서로를 돌봐 주는 마음들을 나는 활동가로 살면서 만날 수 있었다. 비관과 냉소에 빠지기 쉬운 상황에서도 스스로 문제를 해결하기 위해 돌진하는 사람들은 꼭 나타나곤 했다. 이 용감한 사람들의 이야기에 매료되다 보면 체념하거나 낙담할 새가 없다. 빈곤사회연대에서 만난 무수한 사람들 덕분에 별수 없이 나도 좀 더 나은 사람이 되고 싶어졌다. 이 책에선 그렇게 들어도 들어도 질리지 않는 이야기들을 모았다.

도시의 모습이 변할 때마다 사라지는 사람들이 있었다. 이들이 겪은 일은 지금 여기에 사는 우리 모두와 연결되어 있지만, 쫓겨난 이들의 이야기를 기억하는 사람은 거의 없다. 강제 퇴거라는 폭력에 맞섰던 이들은 자신을 향한 편견과도 싸워야 했다. 이들을 향한 세상의 오랜 편견은 누구보다 스스로에게 가장 해로워서 고립되거나 슬픔에 빠지기 쉬웠다. 싸우는 동료들의 이야기가 편견 없는 곳에서 다시 읽히고 기억되길 바란다.

말끔한 도시 서울에서 쫓겨난 사람들을 기억하는 것은 패배를 기억하는 일이 아니다. 치열한 싸움이 있었다는 것은 도시가 결코 자연스럽게 변하지 않았다는 증거다. 기록되지 못한 이들의 역사를 찾아가는 여정에 동참하게 된 것을 환영한다. 쫓겨났지만 포기하지 않았던 사람들의 용기가 당신에게도 전해지길 빌며, 이야기를 시작한다.

용산구청 앞, 신계 철거민 강정희의 농성장.
2011년 8월.

첫 번째 산책

경의선숲길 1

철거민 강정희의 기억

경의선숲길은 용산구 원효로부터 마포구 연남동까지 6.3킬로미터에 이르는 기다란 공원이다. 서울 도심을 가로지르는 이렇게 긴 땅이 살아남을 수 있었던 건 원래 철길이었기 때문이다. 1906년에 개통된 경의선 철로는 경성에서 신의주까지 한반도의 남북을 연결했고, 1950년 남북 분단으로 끊어진 철길 중 효창공원역에서 가좌역에 이르는 용산선 구간을 2008년부터 지하화하며 기존 철길 위로 공원이 생겼다.

내가 2010년에 빈곤사회연대 활동을 시작하며 처음 구했던 집은 연남동 경의선숲길 종착지 인근의 반지하방이었다. 한 달 25만 원의 월세를 친구와 둘이 나눠 냈는데, 2년 뒤 45만 원으로 올랐다. 홍대입구역에서 1킬로미터 넘게 떨어진 동네라 '끝남동'이라고도 불리던 곳이었는데, 집값 상승세는 여느 역세권 못지않았다.

재계약을 포기하고 이사한 곳은 역에서 300미터 정도 더 들어간 곳에 위치한 성산동 옥탑방이었다. 이후 새롭게 가족을 꾸리고 400미터 정도 더 먼 곳에 자리를 잡았다. 이사할 때마다 지하철역에서 점점 멀어져 갔지만 다행히 길게 이어진 경의선숲길에서는 멀지 않았다. 덕분에 빈곤사회연대 사무실이 원효로에 있던 2012년 이후 10년간 나는 경의선숲길을 퇴근길로 애용할 수 있었다. 날씨가 좋고, 시간이 있고, 더불어 머리까지 복잡한 날이면 경의선숲길을 걸었다. 사무실에서 집까지 걸으면 전 구간을 다 걷는 셈이었는데, 약간 빠른 걸음으로 한 시간 반 정도가 걸린다.

경의선숲길은 원래 이름보다 별명으로 더 자주 불린다. 가장 유명한 연남동 구간은 연남동의 센트럴파크라는 의미에서 '연트럴파크'라고도 하고, 반려견과 산책하는 이들이 많아 '개트럴파크'라고도 한다. 길이가 긴 공원이다 보니 각 구간별 특색도 다양하다. 연남동은 길게 뻗은 은행나무와 잔디밭이 아름답고, 신촌 와우교 구간에는 책거리가 있다. 대흥동과 염리동 일대에는 작은 물길과 메타세쿼이아 길이, 효창동 인근에는 경의선숲길에 유일한 언덕, 새창고개가 있다. 시작점인 원효로에는 옛 기차가 한 량 전시돼 있어 과거의 모습을 짐작케 한다.

공원은 누구에게나 개방된 공간이지만 경의선숲길처럼 땅값이 비싼 도심에 위치한 경우 인근 주민들의 이해관계를 첨예하게 가른다. 공원이 조성되면 그 주변 땅이나 집을 소유한 사람들은 큰 이득을 보지만 주변 상인이나 세입자들 중에는 쫓겨나는 이들이 생긴다. 실제 경의선숲길이 만들어진 후 인근의 지가는

큰 폭으로 상승했다. 2010년 서울시 지가지수는 90.02, 마포구
는 89.22, 공덕역은 83.011, 홍대입구역은 72.69였으나, 2016년
경의선숲길이 개통된 후 서울시 지가지수는 110.95, 마포구
114.23, 공덕역 132.05, 홍대입구역 170.37로 올랐다. 서울시 자
체의 상승폭도 컸지만, 경의선숲길 인근의 지가는 서울 전체보다
더 큰 폭으로 상승한 것이다. 이로 인해 경의선숲길 주변에 사는
사람들 사이에도 변화가 있었다.

경의선숲길의 시작, 신계동

경의선숲길의 시작점에는 현재 용산 e편한세상 아파트가 있다.
나는 이 아파트의 정문을 바라보면 그 아래 있던 자그마한 텐트
가 생각난다. 텐트의 주인은 강정희. 1988년부터 20년 넘게 용산
구 신계동과 도원동을 오가며 살던 그는 2004년 수립된 '신계
구역 주택 재개발 정비사업'(이하 신계동 정비사업)으로 인생이 바
뀌었다.

　　강정희가 처음 신계동에 오게 된 것은 전남 영암에서 상경
한 부모가 이곳에 먼저 터를 잡았기 때문이다. 독립을 꿈꾸며 결
혼했지만 스물넷 이른 나이에 이혼을 한 후 3개월 된 갓난아이를
안고 돌아온 곳도 신계동이었다. 신계동은 판잣집이 즐비했지만

살기에 나쁘지 않은 동네였다. 해 질 녘 일을 마치고 돌아올 때면 마을 길목에 위치한 정자나무 아래 할머니와 아이들이 모여 앉아 재잘대는 모습을 볼 수 있었다. 또 밤중에도 이웃집에 들러 커피 한잔 얻어 마시고 서로의 밥상에 숟가락 보태는 일은 예사인 곳이어서 혼자서도 아이를 키울 만했다. 그는 마을 뒤편 새남터성당 수녀님들께 아이를 맡기고 보험 영업부터 노점상, 마늘 까기 부업까지 안 해본 일 없이 악착같이 살았다. "살려고 발버둥 치던" 날들 속에서도 걸음마를 시작한 딸이 아장아장 걷던 슈퍼 앞, 올망졸망 애들이 뛰놀던 계단과 놀이터가 따뜻한 추억으로 남은 것은 다 이웃 덕분이다. 하지만 재개발은 이 모든 것을 송두리째 앗아 갔다.

어느 순간 용역 깡패들을 몇십 명씩 풀어서 밤낮으로 활보하고 다니게 하니까 견딜 수가 없는 거야. 빨간 락카로 막 험악한 말을 써놓고, 집이 비면 바로 부숴 버리고…. 한 집이 견디다 못해 떠나면서 그때부터 공포가 시작됐어요.*

* 이하의 강정희 인터뷰는 2021년 3월 13일, 전라남도 광주에서 이루어졌다.

재개발사업을 추진하기 위해서는 개발 구역으로 지정된 이후에도 개발조합의 승인, 사업시행에 대한 인가 등 여러 단계를 거쳐야 한다. 신계동은 2004년에 개발 구역으로 지정되고, 2006년에 사업시행을 인가받았으며, 2008년 관리처분계획 인가가 났다.* 일반적으로 보상 대책은 개발 구역으로 지정된 시점으로부터 3개월 이전에 거주하고 있던 이들을 대상으로 하며, 관리처분계획 인가가 난 이후에야 법원의 강제집행 명령에 따라 철거가 가능하다. 그러나 신계동의 경우 이런 합법적 절차가 적용되지 않았다. 2004년 개발 구역으로 지정된 직후부터 '재개발조합'은 마구잡이로 땅을 매입하기 시작했다. 그리고 매입한 땅에 살고 있는 세입자들을 몰아내기 위해 용역 깡패와 철거반을 투입해 가로등을 깨는 등 험악한 분위기를 조성하고, 빈집이 생기면 재빨리 무너뜨렸다. 그 결과 2006년쯤에는 주민 대부분이 지역을 떠났다.

하지만 강정희는 떠날 수 없었다. 20년 넘게 신계동에 살았지만 길 건너 도원동으로 이사를 갔다가 다시 신계동으로 돌아온 시점이 재개발구역으로 지정된 직후여서 이주비 등의 보상을 받

---

* 서울특별시용산구고시 제2008-8호 <신계 구역 재개발 정비사업 관리처분계획 인가>(2008/01/25).

을 수 없었기 때문이다. 그에겐 돈도, 갈 곳도 없었다. 무엇보다 살고 있는 사람에게 대책을 마련해 줘야지 윽박질러 쫓아내는 것은 옳지 않다고 생각했다. 퇴거 압박이 다가올수록 분위기는 험악해졌다. 그러던 어느 날, 아랫집 사람이 스스로 목숨을 끊었다.

폭언 폭행은 비일비재하고, 그 공포…나도 솔직히 무서웠지. 여기저기 하나둘 빈집이 생겨나는데 갈 곳은 없고. 딸내미가 그때 딱 중학교 3학년인가, 고등학생인가 그랬는데 용역 깡패가 뒤쫓아 오면서 그래, "니 딸 이쁘더라. 이사 안 가면 콱 어떻게 해버린다." 그때 공포감은 정말 이루 말할 수 없었어. 고양이를 죽여서 대문 앞에 매달아 놓고, 쥐를 죽여서 바닥에 깔아 놓고 그랬어. 우리 집 담벼락에다가 "왕그지네집" 막 이렇게 써놓고. 내가 "선 대책 후철거" 이런 플래카드 써서 걸어 놓으면 다 떼어 버리고.

한동네 살던 부모님조차 결국 이사를 갔지만 강정희는 버텼다. 그러던 2008년 8월 1일, 강정희의 집이 철거됐다.

7월 29일인가 법원에서 날아온 안내장을 받았어. 8월 15일에서 20일 사이에 내 집에 대한 판결이 난다고 했어. 언제 집을 철거당할지 모르니까 집도 못 치우고 제대로 먹지도 못하고 살다가,

그거 받고 딸내미한테 그랬어. "야, 우리 시장 보러 가자. 20일은 그래도 살 수 있겠다." 그래서 장도 봐놨어. 근데 그거 하나 해먹어 보지도 못하고 바로 고스란히 철거를 당했지.

한 20일은 벌었구나 싶어 오랜만에 마음이 좀 편했는데, 판결이 나기도 전에 잠시 외출한 사이 집이 사라진 것이다. 아끼던 세간살이 하나, 가족사진 한 장 챙기지 못했다. 딸아이가 애지중지 보살피던 햄스터마저 바닥에 나뒹굴고 있었다. 그는 지금도 이따금 그때 일들이 꿈은 아니었을까 되짚어 본다. 정말 나한테 그런 일이 일어났던가, 왜 그런 일을 당하는 사람이 있어야 하는 걸까.

집이 철거된 후 그에게는 두 가지 기억이 떠올랐다. 하나는 1998년, 도원동에 살던 시절 보았던 철거민들의 망루다. 그때 부엌 창문을 열면 맞은편 언덕 위로 철거민들의 망루가 보였다. 그 자리에는 2001년, 도원삼성래미안 아파트가 들어섰다.

또 하나는 전라남도 영암의 고향집이다. 맑은 날이면 유달산까지 보이던 그의 동네에는 대불 국가산업단지가 들어서며 갯벌도 마을도 사라졌다. 그래서 온 가족이 서울 신계동으로 오게 된 거였다. 돌이켜 보니 쫓겨남의 연속이었다. 그리고 쫓겨나던 자리마다 누군가는 늘 싸우고 있었다. 그러니 "절대 남의 일이 아

닌 것"이고 "언젠가는 누구라도 그 상황에 처할 수 있다"고 생각
하게 됐다.

강정희는 싸우면 조금이라도 변할 줄 알았는데 전혀 변한
게 없는 세상을 생각하면 여전히 문득 화가 치민다. 시골에서 밭
을 일구며 사는 지금도 철거 폭력으로 몸과 마음에 새겨진 상처
는 좀처럼 아물지 않는다.

요새도 잠을 편하게 누워서 못 자. 깨서 보면 내가 앉아서 졸고
있는 거야. 노숙 투쟁을 했잖아. 그때 용산구청에서도 늘 긴장 속
에서 사니까 밤에는 잠다운 잠을 못 자잖아. 그랬던 게 몸에 배서
지금도 깊은 잠을 못 자고 불면증에 시달려. 그것도 하나의 트라
우마가 아닐까. 그리고 (철거로) 내 가재도구를 다 털렸기 때문에
뭐든 잘 버리지 못하는 병이 생겼어.

근데 도대체 납득이 안 가. 아직도. 그걸 실어다 어디다 났을
까? 계속 궁금해. 합의할 때 철거당한 물품에 대해선 더 이상 묻
지 않는다는 조건을 넣더라고. 지금도 가끔 애네들이 그걸 어디
다 어떻게 버렸을까, 보관을 해두긴 했을까, 그런 의문이 들 때가
많지.

서울의 아파트가 있는 자리라면 누군가는 그곳에서 쫓겨났다고 봐도 좋다. 서울에서 개발은 집 없는 사람들을 탈락시키는 일이었다. 개발 지역에 살던 세입자에게는 임대 아파트나 이주비 등의 대책이 제공되긴 했지만 여기서 제외되는 사람이 더 많았다. 개발에는 5년, 10년 이상이 소요되는 반면 임대차보호법은 세입자에게 단 2년만을 보장하기 때문이다.* 게다가 재개발조합은 보상 부담을 줄이기 위해 개발 단계와 상관없이 세입자를 마구잡이로 쫓아낸다. 집주인 중에서도 가난한 이들은 세입자와 처지가 크게 다르지 않다. 새 아파트에 들어가려면 분양권뿐만 아니라 추가 분담금을 내야 하는데, 이를 낼 여력이 없는 이들은 분양권을 포기하고 낮은 보상금을 받아들이거나 헐값에 분양권을 팔 수밖에 없기 때문이다.

신계동에는 '바람골'이 있었다. 마을 슈퍼 앞 긴 계단을 올라 언덕을 돌면 멀리 삼각지까지 보이는 높은 터를 만나는데, 언덕

* 2020년 7월 30일, 주택임대차보호법 개정으로 임차인은 1회에 한해 계약 갱신을 청구할 수 있게 되었고, 임대인은 갱신시 보증금과 월세를 5퍼센트 이상 인상할 수 없게 됐다. 하지만 여전히 2년의 계약 기간은 그대로이고, 임대인은 갱신을 거절할 수 있다.

아래부터 바람이 회오리를 치며 올라와 항상 찬기가 맴도는 곳이었다. 한겨울에 그곳을 지날 때면 강정희는 여지없이 옷깃을 여몄다. 어서 따뜻한 집으로 가자는 생각을 불러오던 그 언덕은 사라졌다. 오르락내리락하던 골목길들은 평평하게 다져져 이제 아파트 동수로만 구분된다. 계단이 있던 자리로 추정되는 위치에는 인공 폭포와 조경용 터널이 자리 잡았다.

강정희가 떠나고 신계동에 지어진 이 아파트의 가장 작은 평형은 59제곱미터(전용면적)로 2008년 분양 당시 조합원들에게 3억 후반에 공급됐다. 그런데 입주가 시작된 2011년에는 6억 원 정도에 거래되다가 2017년엔 8억, 2018년엔 10억이 넘었고, 2021년엔 14억7000만 원으로 매매가가 갱신됐다. 이 이야기를 해주니 강정희는 "삶에 회의가 드네"라며 웃었다.

신계동 개발이 한창이던 2005년, 지역 국회의원이었던 진영은 재개발조합을 방문했다. 그의 홈페이지에 올라와 있는, 그날의 기록을 담은 사진에는 우연찮게도 강정희의 집 앞이 찍혀 있다. 사진 속에 남은, 아이와 함께 가던 놀이터를 보며 강정희는 이웃들의 안부를 궁금해했다. 보증금 100만 원에 월세 15만 원을 내고 살던 그들은 다 어디로 갔을까.

당시 진영 의원을 맞이했던 재개발조합 조합장은 2011년, 납품 비리로 구속되었다. 용산구청 고위 간부는 인허가권을 빌미로 분양권을 싸게 받은 혐의를 받았다. 박장규 전 용산구청장은 신계 지역 주택 재개발 비리와 관련해 특혜 분양에 압력을 행사한 혐의로 2012년, 구속 기소됐다.* 강정희는 개발 과정에서 있었던 폭력에 대해 사과의 말이라도 한마디 듣고 싶었지만 어떤 말도 들을 수 없었다.

우리가 마을을 꾸미고 살았잖아. 내가 가꾼 마을이었잖아. 빗자루질을 한 번 해도 나나 여기 사는 사람들이 한 거지. 마을에 꽃이 피게끔 하는 게 안에 사는 사람들이에요. 근데 어느 날 갑자기 개발이라는 그 이름 하나, 관리처분 하나 하면서부터 온 동네를 들쑤시고 삶을 파괴하지. 사람들이 야반도주하게 만들고, 자살하게 만들고, 땅바닥에 앉아서 투쟁하게 만들고. 내가 우리 집 숟가락 하나를 사더라도 이거 살까 저거 살까 만져 보고 심혈을 기울여서 사는 거잖아. 내 형편에 이거 맞을까? 좀 더 싼 거를 봐볼까? 그렇게 고르고 골라서 내 가재도구가 되는

* 「검찰, 용산 재개발 비리 조합장 등 3명 구속」, 『뉴시스』(2011/11/27); 「검찰, 용산 신계 지구 재개발조합 압수 수색」, <KBS뉴스>(2011/11/08); 「'떼잡이들' 박장규 전 구청장 재개발 비리로 구속 기소」, 『헤럴드 경제』(2012/02/19). 해당 기소는 2015년, 징역 1년 6월에 집행유예 3년을 받았다.

건데 그런 거를 말 한마디 없이 통째로 쓸고 갔잖아. 그래 놓고 우리한테 생떼거리를 쓴다는 소리나 하고.*

철거민들은 서로의 이름을 동네 이름으로 부른다. 강정희는 신계동 정비사업과 함께 "신계 강정희"가 되었다. 지나가다 신계라는 글자만 봐도 고개가 돌아가지만 "내 이름 같고 그러면서도 기억하고 싶지 않을 때도 있"다. 6.3킬로미터에 이르는 경의선숲길 주변 200미터 반경에는 2021년 3월 현재 100세대 이상 아파트 단지만 32개가 인접해 있다.

사람들 사이에서

자그마한 키에 높은 톤의 목소리, 다부진 손을 가진 강정희를 처음 만난 것은 2010년, 빈곤사회연대 활동을 시작하면서부터였다. 2008년에 철거민이 된 그는 2009년, 용산 참사 현장에 연대했고, 당시 망루에 올랐다 구속된 동료들을 대신해 2010년과

• 2007년부터 2009년 1월 용산 참사가 일어나기 전까지 용산구청 담벼락에는 "생떼거리를 쓰는 사람은 민주 시민 대우를 받지 못하오니 제발 자제해 주시기 바랍니다"라는 대형 현판이 걸려 있었다.

2011년, 홀로 용산구청 앞에서 농성을 벌였다.

그의 연대는 여기서 멈추지 않았다. 2011년 여름, 강정희는 한진중공업 85호 크레인에 오른 김진숙 지도위원을 만나러 부산으로 향했다. 함께 가는 버스 안에서 그는 화들짝 놀라며 예전에 부산에 살았던 게 갑자기 기억난다고 했다. 자신이 살았던 곳을 잊고 있었다는 게 참 신기했다. 이 책을 위해 인터뷰를 하면서 나는 그게 한시도 한눈팔 시간이 없었기 때문이라는 걸 알게 됐다. 먹고살기 위해, 자신과 아이를 건사하기 위해 과거를 돌아볼 시간 따위 없었던 것이다.

부모님은 십대의 강정희에게 집에서 동생들을 잘 보고 있으면 스무 살쯤 좋은 혼처를 찾아 주겠노라 했다. 배우고 싶은 열망이 컸던 그는 이 말을 받아들일 수 없어 부산으로 떠났다. 그리고 태광산업에서 삼교대로 실을 뽑으며 야간학교를 다녔다.

불량이 조금만 나도 맨날 막 혼나고 그런 기억이 나. 이게 어디로 수출 나갈 거니까 잘해야 된다고 했던 그런 기억. 나중에 알았지, 우리가 그때 어마어마하게 착취당했구나. 밤낮으로 일해도 월급이 19만 원도 안 됐으니까. 그 돈 가지고 학교에 납부금 내야지, 공장에 기숙사비 내야지, 그리고 우리대로 생활비도 있잖아. 그거 다 빼고 시골 동생들이랑 부모님한테까지 보내고 나면 남는 게 없었지. 그렇게 3년을 살았던 것 같아. 또 그렇게 살라고 하면 살 수 있을까?

철거민이 되어 부산에 오니 바쁜 삶 속에 묻어 두었던 기억들이 주르륵 쏟아졌다. 태광산업에서 일하던 그때도 학교 언니들과 함께 집회에 나간 적이 있었다. 서면에서 학교까지 향하던 길에 가득하던 매캐한 최루탄 냄새와 비 오는 거리에서 나눠 먹던 주먹밥, 순진하게 학교 체육복을 입고 집회에 참석했다가 선생님에게 "디지게 혼났던" 기억들. 그것이 1987년 민주항쟁의 시작이었다는 걸 그는 나중에야 알았다.

그렇게 부산에 함께 다녀오고 7년 만에 마포구청 앞에서 나는 강정희를 다시 볼 수 있었다. 2018년 겨울, 아현동에서 철거민 박준경이 목숨을 끊은 후 한 달 넘게 구청 앞에서 농성을 이어 가고 있을 때였다. 그의 품에는 따뜻한 떡이 한가득 안겨 있었다. 박준경의 소식을 듣고 무작정 떡을 맞춰 올라왔다고 했다. 그날을 떠올리며 강정희는 다시 많이 울었다.

나도 모르게 마음이 가더라고. 나도 죽고 싶었으니까. 죽고 싶었어, 진짜…. 그 마음이 오죽했을까, 어땠을까. 그래도 살지, 그래도 좀 살지. 마지막 순간의 그 마음…그 마음을 나도 겪었으니까⋯. 혼잣말을 많이 하게 돼요. 아직도 안 변했구나, 변한 게 아무것도 없구나.

어린 나이에 배움에 목말라 홀로 부산행을 감행하고, 돌도 안 된 갓난아이를 키우며 마늘까기부터 노점까지 안 해본 일이 없는 진취적인 그에게도 철거 투쟁은 이길 수 없는 싸움이었다. 막대한 개발이익을 둘러싼 카르텔은 견고했고, 이들이 휘두르는 폭력은 법과 권력의 굳은 비호를 받았다. 그런 세상을 만나고 무엇보다 망가진 것은 마음이었다. 개발이 시작된 초기만 하더라도 '설마 그런 일이 일어나겠어?'라고 생각했다. 그런데 '설마 하던 일'이 정말 일어난다는 걸 알게 된 후에 세상은 의심을 거둘 수 없는 곳이 되었다.

투쟁 이후의 삶은 고단했던 투쟁보다 더 팍팍했다. 특히 사람 만나는 게 두려웠다. 함께 투쟁하던 동지들은 서로의 상처를 들여다보기 힘들어 멀리했고, 싸우는 이들이 어떤 일을 겪는지 모르는 순진한 사람들과도 함께 있을 수 없었다. 어떤 사람은 "미련하게 그런 짓을 왜 했냐"며 속에 불을 질렀고, 어떤 사람은 "그래서 얼마나 받았냐"며 기름을 부었다. 이 아픔을 겪어 보지 않은 사람들 속에선 살 수 없었다. 돈으로는 값을 매길 수 없는 존엄, "싸우면 바뀔 것"이라는 믿음과 희망이 그를 싸우게 했지만 세상은 그렇게 보지 않았다.

2012년, 고창으로 귀농한 강정희는 다시 사람들 사이에 섰다. 처음에는 낯설기만 하던 마을 주민들과도 이제 제법 어울리게 되었고 농민회 활동도 한다. 1987년 부산 태광산업 노동자에서 용산 참사 현장에 연대하던 철거민을 지나 농민회에 이르기까지, 걸어온 삶 자체가 이채로운 운동 경력이 되었다. 이제는 '곤충 식품'이 대안이 될 것이라는 야망을 품고 곤충을 기른다. 2020년엔 농업을 공부하기 위해 대학에도 들어갔다.

강정희는 말했다.

"아무리 그래도 사람은 사람 사이에서 살아야지."

깨졌다가 여문 속을 안고 다시 일어선 그의 말이 꼭 그렇게 살아가겠다는 다짐처럼 들렸다.

용산구청 앞 신계 철거민 대책위원회 천막 앞에 선 강정희.
2011년 8월 5일.

도원동 철거민이 쫓겨난 자리. 2021년.

경의선숲길 2

젠트리피케이션이 밀어낸 것들

도원동에서 쫓겨난 사람들

용산구 신계동을 지나 본격적으로 공원길을 걷기 시작하면 효창공원역이 나온다. 인근에는 용문시장이 있을 뿐만 아니라 공원에서 이어진 횡단보도를 따라 전기구이 통닭이나 뻥튀기, 제철 나물을 파는 노점들이 그때그때 종목을 달리하며 모여 있어 현금을 미리 챙기게 된다. 새창고개를 오르다 왼쪽으로 고개를 돌리면 도원동 삼성래미안아파트가 보인다. 1998년, 이 자리에서 쫓겨난 철거민들은 옛 용산구청(현 용산구보건분소) 앞에서 노숙 농성을 했다.

> 저희는 용산구청 담벼락 아래서 5개월째 노숙 생활을 하고 있는 철거민들입니다. 저희의 요구는 별다른 것이 아닙니다. 집을 거저 달라는 것도 아니고, 호화 주택을 지어 달라는 것도 아닙니다. 재개발로 거처를 잃은 저희들이 임시로 살 수 있는 가수용 시설을 지어 주고 일가족이 비좁게나마 살 수 있는 임대 아파트에 적정 비용으로 들어가 살 권리를 달라는 것입니다.*

이들은 그해 2월부터 도원동 재개발 지역에 망루를 짓고 세입자 대책을 요구하는 농성을 이어 가다가 쫓겨나 용산구청 앞으로 자리를 옮긴 것이었다. 당시 도원동에서는 철거민들에 대한 폭행이 무시로 이루어졌는데, 여기에 고용된 용역 업체가 다원건설이었다.

철거 용역 업체들은 1990년대 대규모 아파트 단지 건설과 함께 활황을 맞았다. 여러 업체들 중에서도 적준은 1994년부터 재개발 현장을 거의 독점하다시피 관리했다. 강도 높은 폭력을 사용하는 것으로 오명을 떨친 이들은 사회적으로 논란이 될 때마다 ㈜적준개발용역, 적준개발, ㈜적준, 다원건설로 이름을 바꿨다.

재개발사업에서 철거 용역 업체의 역할이 확대된 것은 정부의 대응 방식이 변화한 탓이 컸다. 1987년 6월 민주화 항쟁 이후 정부가 재개발사업 분쟁에 공권력을 투입하기보다 민간이 자체적으로 해결하도록 방향을 전환하면서 재개발조합이 직접 폭력을 동원하게 된 것이다.**

• 「도원동 철거민이 드리는 호소문」(1998/09/11),
도원동 철거민 문제의 조속한 해결과 민중 주거권 쟁취를
위한 결의대회, 성공회대 민주자료원.
•• 김수현, 1999, 「서울시 철거민 운동사」, 『도시와 빈곤』

1998년 도원동에서 일어난 철거 폭력 이후 사회단체들은 '다원건설(구 적준용역) 사법 처리를 위한 공동대책위원회'를 결성하고, 「다원건설(구 적준용역) 철거 범죄 보고서」를 발간한다. 보고서에 따르면 다원건설이 1997년 7월까지 서울시 내에서 수주한 철거 용역 규모는 총 40개 구역, 사업비 570억에 이른다. 다원은 어떻게 이렇게 많은 계약을 성사시켰을까? 이에 대해 다원 측은 "현장을 깔끔하게 정리하기 때문"*이라고 설명했는데, 실제 재개발조합이 다원을 선호한 이유도 이 때문이었다. 도원동에서 다원은 주민들을 다음과 같이 "정리"했다.

- 1997년 4월 29일, 도원동 세입자들 60여 명이 모여 세입자 대책을 논의할 때 철거반원 50명이 들이닥쳐 주민들을 폭행하고 모임을 해산시켰다.
- 1997년 6월 10일, 철거민 대책위원회의 플래카드를 빌미로 시비를 걸다 주민들을 폭행하고, 여성 주민을 성추행했다.
- 1997년 12월 16일, 비어 있는 집을 철거하며 사람이 살고 있는

36호.
* 다원건설(구적준용역) 사업처리를 위한 공동대책위원회, 「다원건설(구 적준용역) 철거 범죄 보고서」(1999/11), 20쪽.

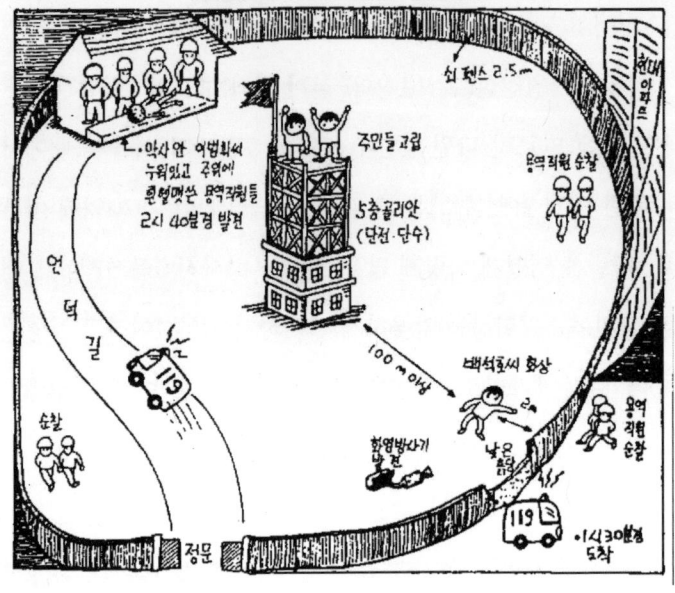

1998년 3월 27~30일의 도원동 망루 주변을 그린 그림. 인권운동사랑방,
「도원동 철거 폭행 적준용역 확실」, 『인권하루소식』 제1094호(1998/04/01).

집까지 철거했고, 이에 항의하는 주민을 폭행했다.

· 1998년 2월 7일, 사람이 살고 있는 집 30여 세대를 철거해 120명을 쫓아내고 20명에게 부상을 입혔다.

· 1998년 3월 19일, 어린이만 남아 있는 집에 난입해 아이를 폭행하고, 이에 항의하는 주민을 향해 지프차를 돌진시켜 2명이 중상을 입었다.

· 1998년 3월 27~30일, 망루 농성에 돌입한 철거민의 철탑을 철거하기 위해 밤낮없이 화학약품을 섞은 물대포를 살수하고, 식량과 옷가지를 전하러 간 철거민 둘을 폭행했다. 이 둘은 나중에 화상을 입은 채로 발견된다.

· 1998년 4월 23일, 철거반원 300명이 경찰 1000여 명, 특수진압대* 40여 명, 그리고 구청 및 재개발조합 조합원 등과 함께 행정대집행을 진행했고, 이에 항의하며 행진하던 학생 15명과 주민 30명을 포함해 총 86명이 연행됐다.**

---

* 1996년, "불법 시위의 진압 방식을 해산에서 검거 위주로 바꾼다는 방침에 따라" 경찰에 의해 만들어진 시위자 검거 전담 부대다. <KBS뉴스>(1996/09/04).
** 다원건설(구적준용역) 사업처리를 위한 공동대책위원회, 「다원건설(구 적준용역) 철거 범죄 보고서」(1999/11).

도원동 주민 유 씨는 「다원건설(구 적준용역) 철거 범죄 보고서」에서 철거 폭력을 겪은 뒤 무엇보다 사람에 대한 신뢰를 잃었다고 술회했다. 자식들에게 가난해도 떳떳하게 살라고 가르쳤던 일도, 법치국가 대한민국에서 필요한 일꾼이 되라고 했던 것도 모두 거짓이 되어 버렸다.

이젠 사람이 무서워요. 그전에는 '이웃'이라고 하면 다정한 느낌이 들었는데 이젠 무서워. 지금 다정하게 대해 주는 사람들도 그때 그 사람들(폭력을 사주하고 행사한 건물주들)처럼 나한테 그러지 않으리란 법이 없잖아요, 일단은 인간을 못 믿게 되더라고. 그게 싫어요. 인간이 황폐해져 버렸어요.*

도원동 철거민들의 망루 농성 현장에는 한 달간 연인원 3000여 명의 철거 용역, 1만여 명의 공권력이 투입되었다. 도원동 주민 유 씨는 "몇 발짝만 내려가면 귀빈로가 보이는 이곳에 이렇게 사는 사람들이 있는지 세상 사람들은 알까" 궁금해했다. 1998년 당시 강정희는 집에서 창문을 열면 도원동 철거민의 망

• 같은 글, 105쪽.

루를 볼 수 있었지만 무슨 일이 일어나고 있는지 몰랐고 관심도 없었다. 2008년에 그것이 자신의 일이 된 이후에야 도원동 철거민을 이해할 수 있었다. 도원동 주민 유 씨 역시 1988년 도화동 마포아파트 재건축 때문에 쫓겨난 세입자들이 싸우는 것을 볼 때만 해도 자신에게 이런 일이 생길 거라고는 상상도 할 수 없었다.

마포에서 쫓겨난 사람들

공덕동에서 어린 시절을 보낸 엄마는 마포대로를 '귀빈로'로 불렀다고 했다. 한국을 방문한 해외 인사들이 김포공항에서 시청과 광화문으로 갈 때 여의도와 마포대교를 지나야 했기 때문이다. 하지만 현재 서부지방법원이 위치한 자리에는 1963년까지 마포교도소가 있었다. 죄수복을 입고 똥지게를 나르는 사람들이 오갔다는 엄마의 기억과 현재의 마포는 꽤나 거리가 멀다. 말린 홍합이니 해삼을 꿰어 팔던 행상도, 아이들이 모여 놀던 골목길도 사라졌다. 1979년 YH무역 노동자 김경숙이 죽기 전까지 농성을 벌이던 신민당사도 도화동에 있었다. 지금은 SK허브그린 오피스텔이 들어서 있는데, 그곳이 신민당사 자리였다는 역사적 기록은 바닥의 작은 표지로만 확인할 수 있다.

숲길을 가운데 두고 좌우로 펼쳐진 동네의 모습은 최근 10

년간 한층 더 크게 바뀌었다. 공덕역에서 대흥역으로 이어지는 길은 오래된 한옥이 드물지 않은 동네였고 다세대주택도 빼곡해 싼 월세방도 꽤 있었다. 그러나 공항철도가 생기고 경의선숲길이 조성되면서 최근 10년간 이 일대는 그야말로 지도가 바뀌었다. 매일같이 더 높은 아파트가 하늘을 덮었고, 아파트 값도 높이 치솟았다. 그러니 마포구청 앞에는 하루아침에 갈 곳을 잃은 철거민들의 농성 천막이 없는 일이 드물 정도였다.

지역마다 개발 방식은 조금씩 달라도 떠나지 못하는 이들의 목소리는 한결같다. 보상 대책이 턱없어 갈 곳이 없다는 것이다. 예를 들어, 공덕동의 23평짜리 단독주택에 50년을 살던 노부부는 2017년 재개발 결정 이후 평당 1300만 원을 보상금으로 책정받았다.* 가진 거라곤 그 집 하나뿐이었던 그들은 그곳에 새로 지어질 아파트의 추가 분담금을 낼 여력이 없었고, 보상금으로는 주변에 집을 구할 수 없었다. 이들의 집은 결국 강제 철거됐다. 이곳에서 실용음악 학원을 하던 원장님도, 자동차 공업소를 운영하던 사장님도 사정은 마찬가지였다. 가게를 마련하며 투자한 시설비도 안 되는 보상금을 가지고는 새로운 사업을 시작할 수 없었

---

* 「법대로 했다는 재개발, 법도 버린 철거민」, <워커스> (2017/07/04).

다. 이들이 쫓겨난 동네에는 2021년 11월, '공덕SK리더스뷰'라는 이름의 아파트가 들어섰다. 포클레인은 공덕동, 아현동, 신수동으로 쉴 새 없이 몰아쳤다.

두리반 안종녀

대흥역과 서강대역을 지나 구름다리를 건너면 신촌 기찻길에서 홍대, 연남동으로 이어지는 경의선숲길의 대표 구간이 나온다. 홍대입구역 3번 출구 앞, 지금은 LC타워가 들어선 이곳에는 칼국수집 두리반이 있었다.

시작은 2007년이었다. 홍대입구역에 공항철도가 들어온다는 소식에 인근 건물값이 들썩였다. 두리반이 있던 건물은 평당 800만 원이던 게 평당 8000만 원에 팔렸다. 이 자리에서 2005년부터 칼국수 장사를 하던 안종녀는 건물이 팔린 것도 몰랐다. 마포구청에 의해 두리반 일대가 '지구단위계획구역'으로 지정된 것도, 이를 공람하는 절차에 대해서도 듣지 못했다.

시행사는 퇴거를 압박했다. 이사 비용으로 제시된 금액은 300만 원. 안종녀는 받아들일 수 없었다. 시설을 갖추는 데만 1억이 넘게 들어간 가게였다. 주택청약 통장을 깬 돈에 빚을 얻고 찜질방에서 아르바이트를 해가며 만든 돈이었다. 이대로 나갈 순 없었다. 끝까지 남아 있던 두리반을 철거하러 용역 30여 명이 들이닥쳤다. 열댓 인부들이 주방 집기를 들어내고, 나머지 인부들은 안종녀 사장 부부와 주방장을 꼼짝 못 하게 가둬 놨다. 철거는 단 세 시간 만에 끝났다. 마지막으로 용역들은 세 사람을 가게 밖으로 내동댕이쳤다. 가게는 펜스로 둘러싸이고 자물쇠가 굳게 채워졌다.

다음 날은 크리스마스였다. 안종녀의 남편 유채림은 아침 일찍 안종녀가 사라진 것을 알았다. 안종녀는 가게 앞을 서성이며 눈물을 떨구고 있었다. "나 없는 걸로 쳐. 회사 잘 다니면서 애들 뒷바라지 잘해. 난 죽었어."* 이 말을 남기고 안종녀는 절단기로 문을 따고 다시 가게에 들어갔다. 그리고 거기서 531일을 보냈다.

두리반 농성장은 한국 역사상 가장 특이한 철거 농성장이었다. 매일 인디 밴드와 청년들이 북적였고, 민중 가수부터 종교인들까지 다양한 사람들이 두리반을 채웠다. 노동절인 5월 1일에 열었던 문화제는 애당초 51개 밴드로 구성할 예정이었으나 신청자가 62개 팀으로 늘어 '51+문화제'로 이름을 바꿨다.

하지만 철거민이 으레 겪는 일들은 똑같이 겪을 수밖에 없

---

* 유채림, 2012, 『매력 만점 철거 농성장』, 실천문학사, 12쪽.

었다. 그중 하나가 단전이다. 도시생활자의 기본권이라고 할 수 있는 전기를 한전이 나서서 끊어 버리는 것은 생존을 위협하는 일이다. 두리반은 참지 않았다. 한전 앞에서 두 차례 집회를 열고, 마포구청 도시계획과에서 일주일간 농성을 벌였다.

그렇게 한 해 반을 보낸 뒤 두리반은 승리했다. 합의문 조인식이 열린 마포구의회 회의실에서 허리를 굽히지 않고 악수를 건네받던 안종녀의 떳떳한 모습은 우리의 자부심으로 남았다. 또 원래 두리반의 절반 크기이긴 해도 근처에 다시 두리반을 열었다. 함께 싸운 이들과 왁자지껄 개업식도 치렀다. 드물게 '동일 지역 내 수평 이동'이라는 요구도 쟁취한 셈이다. 사람들은 철거 투쟁의 새 역사가 시작됐다고 했다.

하지만 폭력의 기억은 쉽게 사라지지 않았다. 그날의 억울함은 여전히 가슴속에 남아 있다. 언젠가 안종녀는 이런 이야기를 한 적이 있다.

쫓겨났던 그날 하늘을 올려다보는데 높은 건물 꼭대기들만 보이는 거야. 저 많은 건물 중에 내가 갈 수 있는 곳은 단 한 곳도 없겠지, 그런 생각이 들고 나서부터 저 건물들이 나를 짓누르는 것 같은 느낌이 들었어. 그날 이후 그 기분이 가시지 않아. 높은 저 건물들, 내가 들어갈 곳은 한 곳도 없지.

사실 상가 세입자들은 칼끝을 잡고 있는 셈이에요. 칼자루는 건
설 시행사나 건설 투기꾼들이 잡고 있는 거고요.*

칼끝을 잡고 있다는 이 서늘한 말은 쫓겨나는 이들의 입장에선
비유가 아니다. 안종녀는 자신의 가게가 위치한 곳이 '지구단위
계획구역'으로 지정된 사실을 알 길조차 없었지만 이 계획에 따
라 전 재산이나 다름없는 가게를 고스란히 빼앗길 위기에 처하지
않았나. 세입자들은 개발 과정에 대해 의견을 개진할 기회조차
없는데, 그로 인해 발생하는 손해는 오롯이 떠안아야 한다.
　홍대 인근의 건물값이 수직 상승하고, 세입자들의 권리금을
떼어먹으려는 건물주와 기획 부동산이 횡행할 때 세입자들은
"혹시 제대 앞둔 건물주 아들 없냐"는 안부를 나누곤 했다. 건물
주가 세입자를 내쫓을 때 가장 흔히 들이대는 이유 중 하나가 바
로 자녀가 그곳에 가게를 연다는 것이었기 때문이다. 상인들은
장사가 안되면 안되는 대로, 잘되면 잘되는 대로 걱정이 많다. 장
사가 너무 잘되면 월세를 올려 달라 하거나 이런 갖가지 빌미로

* 유채림, 2011, 용산 참사 2주기 강제 퇴거 감시단 인터뷰
중에서.

쫓아내는 일이 비일비재하기 때문이다.

두리반 이후로도 가로수길 우장창창과 서촌 궁중족발을 비롯한 상가 세입자의 개발 분쟁은 끊이지 않았다. 2018년 9월 상가임대차보호법의 개정으로 기존 임차인의 권리금 회수는 법으로 보장받게 됐지만, 재건축 앞에서는 여전히 속수무책이다.

그런데 두리반 같은 음식점이나 카페, 공방 등이 없다면 애초에 그곳의 땅값이 오를 수 있었을까? 이곳을 지키며 가게를 일구어 온 상인들의 노력을 헛되이 하지 않는 도시 개발은 불가능한 것일까?

공공 개발의 수혜자들

경의선숲길을 걸을 때면 주변에 아파트가 지어지며 내쫓긴 삶들을 기억해 달라. 더욱이 캐럴이 흘러나오는 때라면, 크리스마스에 자기 가게의 철문을 따고 철거반의 폭력에 맞서야 했던 기독교인 안종녀를 기억해 달라. 평당 1300만 원을 받고 쫓겨난 노부부의 집터에 평당 8000만 원짜리 아파트*가 들어서는 도시에서

---

* 2021년 4월, <네이버부동산>에 나온 공덕SK리더스뷰의 88제곱미터형을 기준으로 했다.

누가 쫓겨나고 누가 그 차익을 가져가는지, 온통 아파트에 둘러싸인 경의선숲길에 멈춰 잠시 생각해 보자.

젠트리피케이션은 도심에서 노동자 가족이 축출되는 현상을 가리켜 처음 사용된 말이다. 한국에서는 소위 '뜨는 상권'을 만들어 낸 가게들이 월세 상승을 감당하지 못하고 쫓겨나는 문제를 설명하기 위해 쓰이기 시작했다. 경의선숲길을 통해 보았듯이 공원과 역사 등은 공공자금을 투입해 개발된 공간임에도 그 가치 상승에 따른 이득은 땅과 건물을 소유한 사람들이 독점한다. 이를 버티지 못한 세입자들이 빠져나간 자리에 빈집과 인형뽑기방만 남아 동네가 황폐해져도 건물값은 계속 오른다. 이익은 소수의 개인에게 귀속되지만, 그것을 위해 대다수 세입자들의 삶은 희생되고 불평등으로 생기는 문제들은 사회가 치러야 할 비용으로 남는다.

이를 통제하기 위한 방책을 마련하지 않는다면 앞으로도 우리는 계속 같은 문제에 직면할 것이다. 규제를 마련하는 것이야말로 도시를 굴러가게끔 한다. 결국 도시를 만드는 것은 부동산이 아니라 이곳에 머무는 사람들의 노동이기 때문이다.

2011년 두리반 모습(왼쪽)과 같은 곳의 2021년 모습(오른쪽).

젠트리피케이션이 밀어낸 것들

경의선숲길 새창고개 구간. 2021년.

남일당 망루. 2009년 1월 19일. ⓒ 노순택

용산

망루의 기억

버스를 타고 용산역 앞을 지날 때면 스마트폰에서 눈을 떼고 용산 참사가 일어났던 현장으로 고개를 돌린다. 2009년 1월 20일, 철거민 다섯 명과 경찰 한 명이 사망한 용산4구역 재개발 현장엔 2020년 8월, '용산센트럴파크해링턴스퀘어'라는 이름의 43층짜리 아파트가 들어섰다.

남일당 건물이 철거된 2010년 12월 1일부터 2017년 아파트 공사를 시작할 때까지 용산 참사 현장은 오랫동안 공터로 남아 있었다. 그사이 나무들이 무성하게 자랐다. 그 자리에서 진상 규명을 요구하는 기자회견이 열릴 때마다 궁금했다. 이렇게 빈 땅으로 둘 것이라면 왜 그렇게 빨리 쫓아내야 했을까. 이제 나무도, 남일당 건물도, 그곳의 상인들도 자취를 찾을 수 없지만 여전히 습관처럼 고개를 돌린다. 왜 그런 일이 일어나야 했을까.

2010년까지만 하더라도 용산역에 내리면 국수나 계란말이, 오돌뼈에 소주 한잔씩 기울일 수 있는 포장마차들이 천지였다. 대로의 노점들을 지나면 긴 커튼이 드리워진 골목 앞에 "청소년

출입금지"라는 문구가 크게 붙은 성매매 집결지가 있었다. 이제
이 모든 흔적은 말끔히 사라지고 초록빛 잔디가 깔린 공터만 남
았다. 이는 반환된 미군기지 캠프킴까지 이어져 큰 공원이 될 예
정이라고 한다.

　용산 참사를 떠올리면 늘 서늘한 기분이 든다. 2009년 1월
20일 아침, 아무래도 인명 사고가 난 것 같다는 문자를 받고 켠
티브이에는 불타는 파란 망루가 송출되고 있었다. 등골이 오싹
했던 그날 이후 용산에 대해 생각하면 줄곧 추웠던 기억뿐이다.
한강대로에서 남일당 골목으로 들어서면 여름에도 선선한 기운
이 돌았고, 고인이 된 철거민 5인을 모신 순천향대병원 장례식장
은 늘 그늘져 있었다. 1년 만에 장례를 치르던 날, 서울역에서 영
결식을 마치고 추모 행렬이 남일당을 향할 때는 흰 눈이 흩날렸
다. 다섯 분이 하늘의 따뜻한 환대를 받으며 잘 떠나시나 보다,
그런 말로 서로를 위로하던 사람들의 모습도 춥고 시리게만 남
아 있다.

'한강로3가동'이 '용산4구역'이 되기까지

국제빌딩 주변 제4구역 도시환경 정비사업. '용산4구역 정비사
업'이라고도 불리던 이 개발사업은 용산역에 KTX 중앙역사가

들어오는 것을 계기로 용산 일대 개발에 나선 서울시의 도심 재개발 기본 계획에 뿌리를 두고 있다. 2001년에 용산역 일대 약 38만7000제곱미터가 도심 재개발 예정 구역으로 지정되었고, 2007년엔 용산정비창 부지를 포함해 총 57만 제곱미터, 31조 원의 사업비가 투입되는 세계 최대 국제업무지구 개발계획이 발표되며 용산 일대는 개발 광풍에 휩싸였다.

이런 바람을 타고 용산4구역 역시 개발을 위한 지구 지정과 조합 설립에 들어갔다. 용산구청은 2006년 4월, 용산4구역을 도시환경정비구역으로 지정했고, 6개월 만에 용산4구역 도시환경정비조합이 설립되었으며, 다음 해인 2008년 5월 30일에는 관리처분계획 인가를 받았다. 2009년 서울시의 조사 결과에 따르면, 이전까지는 구역 지정에서 관리처분계획 인가까지 평균 39개월이 걸렸던 데 반해,• 용산4구역의 경우 겨우 25개월이 걸린 것이다.

관리처분계획 인가 후에는 바로 철거가 시작됐다. 세입자들은 개발이 진행되는지도 모르고 있다가 갑자기 철거 상황을 맞닥

• 1973~2008년까지 집계된 평균 소요 기간을 말한다. 서울시주거환경개선정책자문위원회, 「주거 환경 개선 정책 종합 점검 및 보완 발전 방안」(2009/01/15).

뜨렸다. 상가 세입자의 경우 보상 대책은 이사비와 3개월 평균 소득으로 책정된 휴업 보상금뿐이었다. 장사하는 사람에게 전 재산이나 다름없는 권리금과 시설 투자금은 보상 대책에 포함되지 않았다. 재개발이 시작되면 주변 시세도 빠르게 올라 달리 갈 곳도 없었다.

개발계획을 전혀 몰랐죠. 그때 아마 조합에서는 (이미 계획이) 진행되고 있었을 텐데 저희는 알 수가 없었죠. 나중에 여기가 개발된다는 소리가 나올 때 그제야 알았죠.

| 용산4구역 철거민 김재호

갑자기 아주 빠르게 재개발이 진행되더라고요. 그러고는 보상금이 나왔어요. 집은 얼마, 가게는 얼마 각각 나왔는데, 생각보다 너무 적은 거예요. 그걸로는 도저히 다른 데서 장사를 할 수 없는 수준이었어요.

| 용산4구역 철거민 박선영

상가 세입자들은 보상 외에는 다른 대책이 없는데, 관리처분계획 인가 때까지 보상이 어떻게 되는지 몰라요. 그때가 돼서야 평가금을 받아 보고 깜짝 놀라는 거예요. 근데 그때는 이미 전면 철

거가 들어오기 직전이고 3개월 안에 퇴거해야 하는 시기인 거죠. 생계 대책을 고민하거나 준비할 수 있는 시간이 아주 짧은 상태에서 자기 위치를 알게 되다 보니까 대응이 과격해질 수밖에 없는 것 같아요. 특히 가족의 생계가 달려 있는 문제이기도 하니까요.

| 용산 참사 범국민대책위원회 사무국장 이원호[•]

중국집 공화춘을 운영하던 김대원 사장의 사정은 더 딱했다. 용산에서 맞닥뜨린 강제 퇴거가 이미 두 번째였다. 용산에 오기 전에 인사동에서도 장사를 하다가 재개발이 되면서 권리금을 전혀 받지 못했다. 용산으로 가게를 옮기며 1억2000만 원을 투자했지만 결정된 보상액은 보증금을 합해 6500만 원에 불과했다. 소유주의 이익을 중심으로 구성된 개발법은 세입자에게 아무런 안전망을 제공하지 않았고, 인허가권을 가진 용산구청은 세입자와 대화하지 않았다.

용산구청에서는 "이주 대책에 대한 문제는 당사자들이 알아서

• 서울특별시 도시활성화과, 2017, 『용산 참사 기억과 성찰』, 60, 64, 65쪽.

할 문제이기 때문에 구청에서 개입할 문제가 아니다" 하고, 조합
에서는 법대로 하겠다면서 "감정평가를 했으므로 그 자료를 근
거로 명도 소송을 해서 세입자들을 강제로 쫓아내겠다" 했어요.

| 용산4구역 철거민 이충연 •

그리하여 2009년 1월 19일 이른 새벽, 전국 곳곳에서 검은
색 철거민 조끼를 입고 투쟁하던 철거민 50여 명이 망루를 짓기
위해 남일당 건물에 올랐다. 경찰이 진압을 시작한 이튿날 새벽,
이들 가운데 남아 있던 사람은 30명 남짓. 그사이 누구는 부인의
출산일이 얼마 남지 않아서, 누구는 강아지에게 밥을 줘야 해서
집으로 돌아갔다. 남은 이들의 사정도 제각각이었다. 망루 안에
사람이 얼마 남지 않을 것을 걱정해 남았던 이들도 있고, 싸움이
격렬해진 이후에는 퇴로가 차단돼 어쩔 수 없이 남게 된 사람도
있었다.

25시간의 망루 농성 동안 건너편 건물에서 용역은 쉴 새 없
이 물대포를 쏘아 댔다. 건물 3층에서는 폐타이어를 태워 유독가
스를 망루로 올려 보냈다. 철거민들은 종일 매운 연기 속에서 눈

• 같은 책, 72쪽.

도 제대로 뜨지 못한 채 경찰이나 용역이 진입하지 못하도록 사력을 다해 싸우고 있었다. 이윽고 밤이 찾아오자 추위가 몰려왔다. 물대포에 젖은 옷이 버석하게 얼어붙었다.

자유를 찾아 오른 곳

1930년 고무 공장 노동자 강주룡이 평양의 정자 을밀대 지붕에 올라 임금 삭감에 저항한 이래 노동자와 빈민들은 높은 곳에 올라 투쟁을 이어 왔다. 1990년 골리앗 크레인에 오른 울산 현대중공업 노동자들의 투쟁 이후 '골리앗 투쟁'이라고도 불리는 이 고공 농성에 나선 이들은 모두 혼자서는 도무지 이길 수 없는 적과 싸우는 사람들이었다. 한진중공업에서 김진숙이 정리 해고에 반대하며 85호 크레인에 올랐고, 쌍용자동차 노동자들은 굴뚝에 올랐다. 용산4구역 세입자들은 철거에 저항하며 남일당을 점거하고 높은 망루를 지었다. 정리 해고, 직장 폐쇄, 강제 철거 등 아무도 주목하지 않는 폭력은 하늘과 가까워진 이들의 모습을 통해 비로소 세상에 드러났다.

망루는 위험하다. 전문가가 아닌 이들이 얼기설기 지은 구조물일 뿐만 아니라 공권력과 철거 용역들에 대항하며 다양한 방식으로 위험을 연출하기 때문이다. 가까이 오는 이들을 향해 오물을 끼얹거나 돌을 던지기도 하고, 인화 물질을 모아 두기도 한다. 이는 발전기를 돌리거나 불을 피우기 위한 것이기도 하지만 함부로 진압하면 '큰일'이 일어날 수 있음을 암시하기 위한 것이기도 하다. 실제로도 위험하기 때문에 모두의 안전을 담보로 건 이 모습은 철거민들을 무척 과격한 이들로 보이게 한다. 많은 언론이 참사 하루 만에 경찰의 브리핑만 듣고 화재 원인을 철거민 탓으로 돌린 것도 그 때문일 것이다.

그러나 용산4구역 철거민에게 망루는 폭력을 행사하기 위한 공간이 아니라 폭력을 피하기 위한 공간이었다. 개발 지역에서 무시로 자행되는 폭력, 얻어맞고 질질 끌려 다니는 일상, 매일매일 마주해야 하는 모욕과 두려움에 지쳐 그들은 망루에 올랐다. 이는 용산4구역 철거민들만의 특수한 상황이 아니다. 망루에 오른 철거민들은 대개 땅에서의 폭력을 피해 하늘로 올랐다. 땅에서는 아무리 얻어맞아도 누구도 돌아보는 이가 없기에 용인 어정 가구 단지 철거민도, 도원동 철거민도, 풍동 철거민도 더 높은 곳을 찾은 것이다.

하늘로 올라가는 것이 용역들하고 부딪히지 않고 빨리 해결하는 방법이라고 생각했어요.

| 용산4구역 철거민 김성환

망루만 지으면 다 해결되는 줄 알았어요. 그래서 망루 다 짓고, 전철연(전국철거민연합) 깃발을 세우고 나니 마음이 편해지더라고요. 저 깃발만 세우면 다 사는 건 줄 알았으니까요. 그 꼭대기에서 우리 할아버지(고 이상림 씨)는 나와서 걱정하지 말라고 하트를 보냈어요.

| 용산4구역 철거민 전재숙•

경찰은 자꾸 우리가 지나가는 시민들에게 화염병을 던졌다고 그러는데 우리가 왜 시민들에게 그걸 던지겠어요? 우리는 경찰이나 용역이 접근하면 "물러가라, 물러가지 않으면 우리가 공격한다!" 경고를 하고 공격했죠. 시민들이 우리하고 무슨 상관이 있다고 우리가 그러겠어요.

| 서울 중구 순화동 철거민 지석준••

용산4구역 철거민들은 망루 안에서 버티는 게 목표가 아니었다. 망루를 통해 세상에 말을 거는 것이 목표였기 때문에 고립

• 같은 책, 84, 90쪽.
•• 강곤 외, 2009, 『여기 사람이 있다: 대한민국 개발 잔혹사, 철거민의 삶』, 삶이 보이는 창, 227쪽.

69
망루의 기억

되지 않을 수 있는 대로변, 남일당 꼭대기에 망루를 설치했다. 기대한 바대로 MBC라디오 <손석희의 시선집중>에서 20일 아침 용산4구역 철거민 대책위원회와의 인터뷰를 요청했다.

> 누가 내 얘기를 들어 보겠다고 한 게 그때가 처음이었어요. 그게 감격스러워서 눈물이 나더라고요. 근데 <손석희의 시선집중> 피디랑 아침 6시에 통화하기로 했는데 그전에 진압이 들어와서 결국 통화를 못 했죠.
> | 용산4구역 철거민 이충연 •

인터뷰는 성사되지 못했다. 철거민들은 본인들의 요구를 단한 번도 외부로 전달하지 못한 채 20일 새벽, 경찰특공대를 맞닥뜨렸다. 특공대의 진압 작전은 새벽 6시 25분부터 건물 아래와 위에서 동시에 진행됐다. 경찰을 태운 컨테이너를 거대한 크레인이 옥상으로 올려 공중 작전을 시작했고, 건물 아래에선 문을 하나씩 해체하며 망루로 진입해 왔다. 진압 40분 만인 7시 5분 1차 화재가 발생했고, 15분 뒤 2차 화재가 났다. 그리고 7시 25분, 망

• 서울특별시 도시활성화과, 『용산 참사 기억과 성찰』, 2017, 94쪽.

루는 쓰러졌다.

남일당이 있던 건물은 두 개의 건물이 이어진 형태로 구조가 독특했다. 하나의 출입구는 망루로 연결되지만, 다른 한 출입구는 연결되지 않았다. 이후 재판 과정에서 경찰은 이 "두 개의 문" 중 어떤 문이 망루로 연결되는지도 알지 못한 채 작전을 시작했음이 드러난다.[*] 준비 없이 시작된 성급하고 무리한 진압 명령. 도대체 왜 이런 일이 일어난 걸까.

보이는 손과 보이지 않는 손

2007년 10월 31일, 호람건설과 현암건설은 용산4구역 개발조합과 철거 계약을 맺는다. 이들의 계약 기간은 2008년 6월 30일까지로, 기한 내 철거를 완료하지 못하면 지체 보상금으로 하루 510만 원을 조합에 배상하도록 하는 조건이었다.[**] 용산 참사 당시만 하더라도 지체 보상금은 이미 10억3500만 원이 쌓여 있었다.

---

[*] 김일란·홍지유 감독의 다큐멘터리 <두개의 문>은 이 같은 상황을 자세히 보여 준다.
[**] 「용산 참사 부른 무리한 철거 시한」, 『서울신문』 (2009/02/07).

하지만 무리한 진압이 단지 지체 보상금 때문만은 아니었다. 빠른 준공을 위해서는 빠른 퇴거가 우선해야 했기에 이는 개발이 익을 나눠 갖는 이들 모두가 바라는 일이었다. 재개발사업은 분양을 통해 이익이 실현되기까지 사업계획서를 통한 대출로 운영되는 사업이므로, 공사가 지연될 때마다 하루하루 늘어나는 대출이자는 조합과 시공사에 큰 부담이다. 폭력을 직접 행사하는 철거 업체는 이들 가운데 가장 앞에 나서는 '보이는 손'일 뿐이다.

2002년 시범 뉴타운을 시작으로 서울 곳곳에서 본격적으로 진행된 뉴타운 사업은 기존의 재개발·재건축 구역을 묶어 만든 거대한 광역 단위 개발 정책이다. 구청장 선거는 뉴타운 공약만 있으면 당선된다는 말이 나올 정도로 인기가 높았던 이 사업은 2008년까지 26개 지구, 316개 구역의 사업 지정을 이끌어 낸다. 이렇게 해서 뉴타운으로 지정된 지역의 면적은 1973년부터 36년간 재개발사업이 완료된 면적의 2.4배*에 달했다.

뉴타운 사업이 예정된 지역에 거주 중인 서울 시민은 85만 명, 서울 시민의 8퍼센트**에 해당했다. 하지만 재개발사업은 그

• 장영희, 2009, 「도시 재정비사업의 평가와 제도 개선 방안」, 『한국도시연구』 제10권.
•• 장남종·양재섭, 2008, 「서울시 뉴타운 사업의 추진 실태와 개선 과제」, 서울시정개발연구원.

곳에 사는 사람이 아니라 땅이나 집을 소유한 사람에게만 동의 여부를 물었다. 뉴타운 지구에 거주 중인 이들의 69퍼센트는 세입자*였지만 이들 대부분은 뉴타운 건설이 완료된 이후 다시 돌아오지 못했다. 뉴타운 사업 전후 이 지역의 60제곱미터(전용면적) 이하 주택은 63퍼센트에서 30퍼센트로, 전세금 4000만 원 미만 주택 비율은 83퍼센트에서 0퍼센트로 하락했다. 그리고 거주 가구의 평균 소득은 207만 원에서 653만 원으로 상승했다.**

개발 호재와 시세 차익을 부르짖는 이들은 그 '차익'이 어디에서 나오는 것인지 묻지 않는다. 그것이 아파트를 산 사람이 지불한 돈만으로 구성되지는 않을 것이다. 헐값에 자기 집에서 쫓겨난 사람들, 생계를 잃은 사람들, 정주할 권리를 빼앗긴 이들의 삶이 모여 이런 이득을 구성한다. 개발이익을 공유하는 이들의 카르텔, 그것이 용산 참사를 만든 보이지 않는 손이었다.

자유를 찾아 오른 망루에서 주검으로 돌아온 이상림의 품 안에는 용산구청이 보낸 공문이 한 장 있었다. 세입자 보상 대책에 대한 협의가 진행되지 않았으니 관리처분계획 인가를 철회해

• 같은 글.
•• 서울시주거환경개선정책자문위원회, 「주거 환경 개선 정책 종합 점검 및 보완 발전 방안」(2009/01/15).

달라는 철거민들의 요청에 구청은 "사인 간의 문제이기 때문에 개입할 수 없다"라는 짧은 답변을 보냈다. 그러나 허망하게도 이 듬해 11월, 법원은 용산4구역의 관리처분계획 인가가 조합원 서명을 날조하는 등의 절차상의 문제로 무효라는 판결을 내린다. 용산4구역 사람들이 겪어야 했던 폭력의 근거가 무효가 된 것이었지만 그것이 남긴 상처와 떠나간 이들의 삶을 되돌릴 방법은 없었다.

이상림 씨가 그랬듯이 대개 처음에는 정치와 국가가 갈등과 피해를 원만히 해결해 주리라 기대한다. 하지만 개발 현장에서 이런 기대는 번번이 배반당한다. 용산 참사 당시 용산구 국회의 원이었던 진영은 참사가 일어난 4구역의 분양권을 구입해 16억 원의 시세 차익을 남겼다.[•] 역시 참사 당시 구청장이었던 박장규는 2012년 용산구 내 다른 개발 구역 비리에 연루되어 구속 기소됐다.[••] 2010년부터 2022년 6월까지 용산구청장을 지낸 성장현은 2015년 본인이 재개발 인가를 낸 한남 뉴타운 지역 주택을 매입해 2021년 국민권익위원회로부터 "이해 충돌"이자 "공무원 행

[•] 「"진영, 지역구 용산서 딱지로 시세 차익 16억" 질타 쏟아져」, 『한국일보』(2019/03/27).
[••] 「'떼잡이들' 박장규 전 구청장 재개발 비리로 구속 기소」, 『헤럴드 경제』(2012/02/19).

동 강령 위반"이라는 판단을 받았다.•

재개발조합과 시행사, 시공사, 토호 세력으로 이루어진 개발의 톱니바퀴는 서로 반목하거나 경쟁하는 것처럼 보일 때도 있지만, 개발이익을 독점하는 한 몸이다. 각종 개발사업에 인허가권을 내주고 관리할 책임이 있는 지자체와 정부는 이들의 사적 이익을 공적 이익으로, 개발을 원하는 이들의 의견은 '지역 정서'로 등치해 버린다. 그 결과 이익은 사유화하고 위험과 손실은 사회화하는 조치들이 공공의 방조나 협력 속에 나날이 진화하고 있다.

나를 구하는 내가 우리가 되어

용산 재판 과정에서 재판부가 가장 의아해했던 점 중 하나는 다른 지역의 철거민들이 왜 용산에 와서 싸웠는가 하는 것이었다. 그들에게 이들은 남의 싸움에 참견하러 온 "직업적 데모꾼"으로밖에 보이지 않았다. 그러나 철거민들에게 서로는 버림받은 세계에서 만난 유일한 구원이었다. 상상도 못 해본 일을 겪고 개벽하

• 「성장현 서울 용산구청장 한남 뉴타운 투기 의혹 수사」, 『경향신문』(2021/04/14).

듯 세상의 이치를 알아 버린 후 '떼잡이', '이기주의자'로 매도된 이들이 스스로를 살리기 위해 서로를 도왔다. 이를테면 이런 도움들이다.

평생 욕 한마디 모르고 살아온 아줌마들이 모여 앉아 상스러운 욕설부터 천막 치는 법까지 서로를 가르친다. 철거 용역보다 더 그악스럽지 않고는 수치와 분노를 참을 수 없으니 웃통을 훌렁 들고 바지를 벗어젖히는 용역의 눈을 똑바로 쳐다보며 "너 잘났다, 팬티도 벗어 봐라" 쏘아붙이는 법도 배운다. 또 "씨○놈아! 씨○놈아! 씨○놈아!"를 외치며 욕을 입에 익히다 왠지 이것만으로는 무시를 당할 것 같아 매일 창의적인 욕설을 개발하고 서로 나누기도 했다.

강제 퇴거에 저항하는 이들을 향한 비난은 지금도 여전하다. 연예인 건물에서 쫓겨나는 세입자에게는 "연예인 코인 타먹으려는 세거지•"라는 댓글이 달리고, "세입자 사정 다 봐주면 다른 사람은 언제 돈 버냐"는 비아냥이 쏟아진다. 또 아무리 사정이 있다고 해도 남에게 피해를 끼쳐서는 안 된다고 훈계하는 이들도 있다. "어쨌든 불법"이니 포기하라고도 한다. 하지만 무엇을 포

• '세입자'와 '거지'를 합한 멸칭.

기해야 하는 걸까. 당신에게도 나에게도 하나뿐인 삶을?

2017년 1월 21일, 박근혜 퇴진 촛불 집회가 열리기 전 광화문광장 한구석에서는 용산 참사 8주기를 맞아 '우리를 쫓아낸 이들에게 고함'이라는 작은 행사가 열렸다. 여전히 곳곳에서 쫓겨나고 있는 철거민, 노점상, 홈리스들이 모여 강제 퇴거의 문제점을 토로하는 자리였다. 행사의 마지막에는 용산 참사의 주범, 이명박 전 대통령과 김석기 당시 서울 경찰청장의 등신대를 모형 감옥에 넣는 퍼포먼스를 했다. 그러나 김석기는 경주 지역 국회의원으로 승승장구 중이다. 2018년 경찰청 인권침해 사건 진상조사위원회와 2019년 대검찰청 진상조사단은 용산 참사의 과잉 진압과 편파 수사, 여론 조작에 대해 밝혔으나 이를 주도한 김석기의 위법 혐의에 대해서는 공소시효 만료로 수사하지 못했다. 당시 새누리당 용산구 국회의원이었고, 박근혜 정부에서 보건복지부 장관을 지낸 진영은 박근혜 퇴진 이후 당적을 옮겨 문재인 정부에서 행정안전부 장관을 지냈다. 오세훈은 국민의힘 서울시장으로 돌아와 용산의 두 번째 르네상스를 열겠다고 선포했다. 정치적으로는 한 팀이 아닌 듯한 이들도 '개발'이라는 이름 아래선 손을 잡고 하나가 된다.

하지만 쫓겨난 이들도 돌고 돌아 하나의 깃발 아래 모인다.

"용산 참사 같은 일이 나한테도 벌어질 줄 몰랐어요."

"여기도 용산 같은 일이 일어나는 중이에요."

"용산 때는 왜 그러나 했는데 이제는 이해가 가요."

쫓겨난 이들은 이제 용산이라는 푯대를 바라보며 자신의 길을 그린다. 붉은 머리띠와 검은 조끼를 입는 것도, 가방조차 함부로 내려놓지 않던 바닥에 엉덩이를 척척 붙이고 앉는 것도, 귀를 때리는 스피커 속 투쟁가에 익숙해지는 것도, 등 뒤에서 쏟아지는 따가운 시선을 애써 모른 척하는 것도 계속 살기 위해서다. 이렇게 나를 구하는 내가 우리가 되는 것을 가리켜 '연대'라고 한다.

과연 세상은 변할 것인가. 아직은 알 수 없지만, 아무것도 바꾸지 않으면서 변화를 기다린다는 것은 진실이 아닐 것이다. 철거민 5인의 장례식장을 채웠던 의원들이 부동산세 인하에 찬성표를 던지고 공공 임대주택 설립을 반대하는 오늘은 더욱 그렇다.• 개발을 둘러싼 이해관계는 지금도 굳건하다. 그래서 용산 참사는 여전히 우리 모두에게 묻는다. 당신은 이 도시가 어떻게 변화하기를 원하는가? 우리는 어떤 이웃이 되기를 원하는가?

• 「서울 6개구 "우린 빼"…'님비'에 막힌 주택 매입 임대 사업」, 『한겨레』(2018/10/17). 서민의 주거 안정을 위한 서울주택도시공사의 임대용 주택 매입 사업에 대해 주민 민원을 이유로 자기 구를 제외해 줄 것을 요청한 6개 구의 구청장은 모두 더불어민주당 출신이었다.

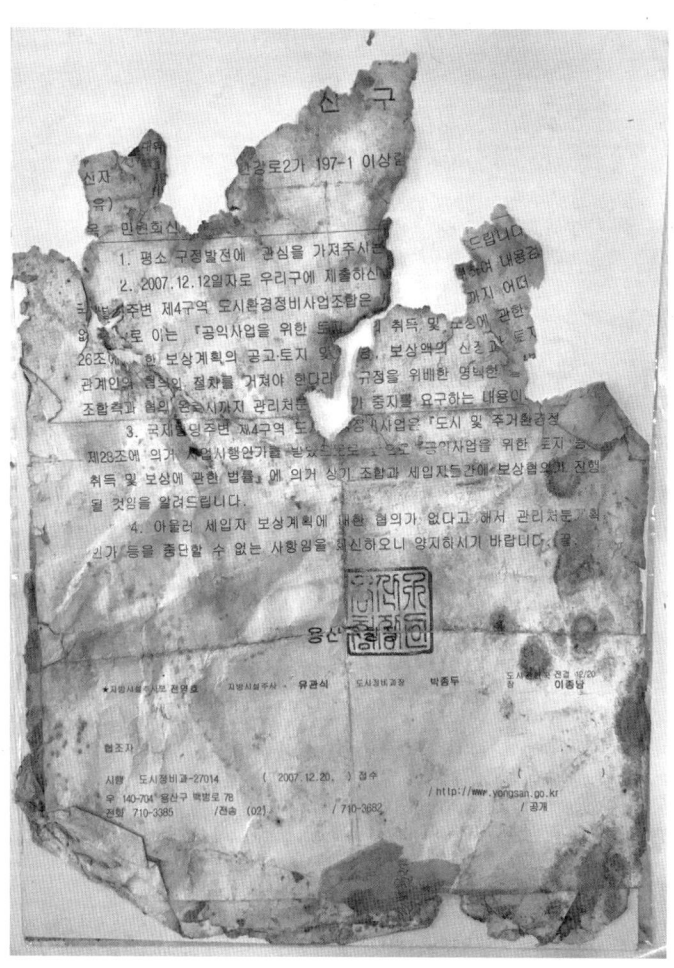

망루에 올랐던 고 이상림 씨의 유품 중에서 용산구청이 보낸 공문. 세입자 보상 계획에 대한 협의가 없었다고 해서 관리처분계획 인가 등을 중단할 순 없다는 내용이 적혀 있다. ⓒ 이원호

남일당 건물이 있던 자리에 올라선
용산센트럴파크해링턴스퀘어 빌딩. 2022년.

아현포차 거리의 노점상. 철거 예고에 밤새 가게를
떠나지 못했다. 2017년 8월 27일.

아현

아현포차와
박준경의 기억

'억대 프리미엄'에 밀려난 사람들

임대차 계약이 종료될 때마다 서울의 싼 집을 찾아 전전하던 나는 종종 아현동을 기웃거렸다. 아파트뿐만 아니라 판잣집과 단독주택, 다세대주택, 연립주택 등이 뒤섞인 아현동 골목은 다채로웠다. 가파른 언덕은 숨을 고르며 올라야 했지만 언덕 위에 위치한 방들은 서울이 내려다보이는 근사한 조망을 품고 있었다. 영화 <기생충>에 나온 반지하방과 돼지슈퍼가 위치한 아현동은 서로 대문을 마주보고 있는 좁고 가파른 골목에서 열무를 다듬고 수다를 나누는 할머니들의 모습이 다정한 동네였다.

"장화 없이는 못 사는 동네"였던 곳들이 있다. 한때 강남이 그랬고, 염리동과 아현동 일대도 그랬다. 늘 질퍽거리고 장마철이면 곳곳이 물 천지였단다. 아현동에는 오래전부터 지게꾼 등 빈민들이 모여 살았다. 마포나루와 마포 종점이 인근인 지리적 이점은 광복과 한국전쟁을 거치며 서울에 새롭게 정착하는 사람들이 모여들게 만들었고 이들이 오랜 시간에 걸쳐 일군 동네가 아현동이다.

아현포차와 박준경의 기억

하지만 최근의 아현동 풍경은 가위로 오려 낸 듯 조각난 모습이다. 특히 대흥역과 이대역, 아현역, 애오개역으로 둘러싸인 아현동 일대엔 이제 도심에서 가장 큰 아파트 단지가 하나둘씩 들어서고 있다. 아현 뉴타운은 마포구 공덕동과 아현동, 염리동 일대에 지정된 8개 개발 구역(공덕5구역, 아현3구역, 염리2구역, 염리3구역, 염리4구역, 염리5구역, 아현2구역, 마포로6구역)을 일컫는다. 이 가운데 두 번째로 완공된 아현3구역의 '마포래미안푸르지오'(이하 마래푸)는 3000세대를 아우르는 거대 단지다.

2014년 9월, 마래푸에 주민들이 입주를 시작하며 아현포차, 일명 '아포'의 입지가 흔들리기 시작했다. 아파트 대표자회의가 결성된 후 주민들이 민원을 제기하거나 집회를 열고 마포구청을 항의 방문하며 포차의 철거를 요구하기 시작했기 때문이다.

분위기 하면 '아포'

아현역 앞에 늘어선 포장마차들은 모두 알루미늄 미닫이문을 단 가건물들로 드르륵 소리를 내며 열고 들어가야 했다. 날씨가 좋을 때면 가게 앞에 간이 테이블을 펼쳐 놓고 소주 한잔 기울이는 이들도 많았고, 실내의 ㄷ자 형태 테이블에 앉으면 요리를 해주는 이모나 옆자리 손님들과 자연스럽게 대화를 트게 되는 매력도 있었다. 나에게 아현포차를 처음 소개해 준 친구는 "요새는 맛있는 집보다 분위기 있는 집 찾기가 더 어려운데 여기가 바로 그런 집"이라며 '아포' 자랑을 늘어놓았다. 분위기에 관한 그의 취향은 인스타 맛집보다는 노포, 은은한 조명과 음악보다는 형광 불빛과 자동차 소음 쪽이었지만 아현포차에는 가짜 레트로는 범접할 수 없는 멋이 있었다.

이런 깊은 내공의 멋은 쉽게 생기지 않는다. 마포대교 아래서 빨래를 두드리던 '찐'마포배기들이 30년 넘는 시간 동안 쌓아온 아우라이기 때문이다. 1986년부터 아현동 일대에 분산돼 있던 리어카 노점상들을 이곳으로 모이게 한 것은 마포구청이었다. 구청은 1992년에 아현동 쓰레기 적치장을 철거하면서 그곳을 노점 자리로 내주었다. 노점상들에게는 4.5미터씩 각자의 자리가 생겼지만 언제 또 쫓겨날지 알 수 없는 일이었다. 상인들은 좀 더 안정적으로 장사를 해야겠다는 생각에 자리를 정비했다. 파이프를 끊어 점포를 단단히 했고, 나중에는 구청의 관리 방침에 따라 컨테이너로 모습을 바꾼 뒤 장사를 이어 왔다.

이렇게 아현포차는 누군가에게는 추억의 장소이고 생계의 자리였지만 마래푸 입주민들은 포장마차를 없애고 꽃밭을 만들어 달라는 민원을 지속했다. 학교 앞이라거나 인도 통행이 불편하다는 이유 같은 걸 들었지만, '미관'상의 이유가 컸을 것이다.

마포구청은 이런 주민들의 손을 들어 줬다. 2016년 1월부터 구청은 상인들에게 자진 철거를 종용했고, 장사하던 이들에게 최소한의 생계 대책을 마련해 줘야 한다는 지역사회의 중재 노력에도 불구하고 2016년 8월 18일, 철거를 강행했다. 주황색 조끼를 입은 단속반원이 유리를 부수고, 알루미늄 문을 뜯어내고, 포클레인이 가게를 훑고 나니 30년 세월이 사라졌다. 매일같이 장사하던 날들도, 용역이 몰려온다는 소식이 들릴 때마다 마차를 지키기 위해 뜬눈으로 지새우던 푸른 새벽도 그렇게 끝이 났다.

아파트가 밀어낸 골목과 삶의 터전

30년 넘게 장사하던 동네에서 돌연 존재를 거부당한다는 것은 마음을 갉아 먹히는 일이다. 손발이 부르트는 노동으로 삶을 지켜 온 이들이 "그간 공짜로 장사했으면 이제 그만하라" 같은 모욕을 듣는 것, 철거를 하러 온 공무원에게 성의를 다해 하소연해 봐도 "소송을 하시든가 나중에 말씀하시라" 같은 무성의한 대답을 듣는 것, 얼마 전까지 선거 때마다 떡볶이도 먹고 국수도 먹던 정치인들이 '아현포차 철거'를 공약으로 내건 공보물을 돌리는 것은, 괴롭힘이었다.

그간 진보 정당과 지역 시민단체들은 고령인 아현포차 상인들이 생계 대책을 찾으며 서서히 포차를 정리할 수 있는 방안을 찾아보자고 제안했으나• 마포구청은 받아들이지 않았다. 그저 노점은 불법이니 철거하겠다는 답변만 반복됐다. 애초에 마포구청이 이 자리로 노점상을 몰아넣은 과거나, 상인들에게 도로 점용료 등을 부과하며 사실상 관리해 온 일이나, 적절한 대책 없는 강제 철거는 국제인권규약에 따라 금지된다는 설득도 모두 소용없었다. 그렇게 아파트는 아현포차를 시작으로 아현동 골목을 점차 잠식해 나갔다.

포장마차 강제 철거를 막기 위해 함께 그곳을 지키던 한 시민은 마이크를 잡고 변해 가는 마을 풍경에 대해 이렇게 말했다.

원래 여기 공사를 하기 전에, 10년 전에도, 마을버스가 다녔어요. 아현역에서 출발해서 이 골목으로 들어가서 아파트 위쪽으로 올라가는 거였는데, 그 노선이 아파트 재개발 때문에 몇 년 동안 일시 중단됐어요. 공사가 끝나고 그 노선을 다시 재개하려고 했어요. 왜냐하면 언덕 위에도 사람이 사니까. 당연한 거 아닙니

• 가칭 '아현포차 문제 해결을 위한 모임'은 2016년 7월 13일, '지역 주민-상인-마포구청, 공존을 위한 사회 협약'을 마포구청에 제안했다.

까, 거기 노인분들이 사시니까. 근데 이것도 마래푸에서 민원을

넣어서 마을버스 노선을 없앴어요.

| 나동혁(우리동네나무그늘협동조합)*

누군가는 애오개역까지 가던 지름길을 잃었고, 누군가는 생계가 걸려 있는 아현포차를 잃었다. 그러거나 말거나 마포구는 2020년 '마포구 걷고 싶은 길' 중 하나로 아현동 길을 지정했다. 하지만 그 길의 명소로 소개된 행화탕은 불과 1년 뒤 사라졌다. 1958년에 문을 연 이곳의 이름은 살구나무가 많았다는 아현동의 옛 이름 행화리杏花里를 담고 있었다. 2016년부터 목욕탕 원형을 보존하면서 복합문화예술 공간으로 운영되고 있었지만, 마포로3-3재건축으로 인해 2021년 5월 영업을 종료하고 철거된 것이다.

오늘날 서울에서 골목의 생명은 그것이 얼마나 오래됐든 당장 1년 앞을 보기가 어렵다.

• 「20160818 아현동 포장마차 강제 철거」, CITY CINE(2016/08/18). www.youtube.com/watch?v =e1hZYtpxaeY

아현동의 또 다른 명물은 가구 거리와 웨딩타운이다. 온라인 시장이 활성화되고 웨딩 산업의 중심이 강남으로 이동하면서 지금은 예전 같은 명성을 잃었지만, 한때 아현동은 예비 신혼부부들이 꼭 거쳐 가는 곳이었다. 가구 거리와 웨딩타운이 한산해진 지금, 아현동에서 그나마 활기가 남아 있는 골목은 아현시장이다. 현재 아현시장 입구는 '마포더클래시' 아파트 입구를 마주하고 있다. 이곳은 아현동에 살던 철거민 박준경의 영결식을 치른 자리이기도 하다.

1981년생 박준경은 2008년부터 어머니와 함께 아현동에 살았다. 보증금 300만 원에 월세 20만 원. 막다른 골목 끄트머리에 위치한 낮은 천장의 단층집이었다. 2016년부터 아현2구역 개발에 따라 퇴거하라는 압박이 있었지만 준경 씨네는 떠나지 못했다. 아현2구역은 아현 뉴타운 8개 구역 가운데 유일한 재건축 지역이었기 때문이다. 세입자에게 개발 방식에 대한 선택권은 없지만, 재건축이냐 재개발이냐에 따라 보상 대책은 달라진다. 상대적으로 기반 시설이 낙후해 지역 자체를 개발해야 하는 경우 재개발을, 그렇지 않은 경우 재건축을 한다는 이유로 재건축은 세입자에 대한 보상 대책을 의무로 하지 않는다. 하지만 실제 재개발 지역과 재건축 지역은 별 차이가 없다. 골목 하나를 사이에 두고도 재개발 지역에 살던 세입자는 알량한 이사비나마 받을 수 있지만, 재건축 지역에 살던 사람은 빈 몸으로 나서야 한다. 박준경의 가족을 위해 마련된 대책 역시 전혀 없었다.

2018년 7월부터 강제집행이 속도를 더해 가면서 폭력의 강도는 점점 높아졌다. 일용직으로 일하던 박준경은 철거 위협 때문에 일도 나갈 수 없었다. 8월 6일에 강제 철거가 있었지만 박준경은 전국철거민연합 회원들과 함께 어렵사리 집을 지켰다. 그러나 한 달 후인 9월 6일에는 막을 수 없었다. 용역 다섯 명이 박준경의 어머니를 이불로 말아 들고 나왔고, 세간살이는 트럭에 실려 갔다. 그때부터 모자의 빈집 살이가 시작됐다. 그저 그곳에 남아 있는 것, 그것이 철거에 저항하는 유일한 수단이었다.

11월 1일에 일어난 폭력의 강도는 살벌했다. 용역들은 소화기를 난사하고 노인을 폭행했다. 11월 30일에는 아현동에서 그해 마지막 강제집행이 일어났다. 12월 1일부터는 동절기로 취급돼 강제 철거가 금지되기 때문이다.* 박준경의 입장에선 이날만

* 용산 참사 이후 서울시는 12월 1일부터 2월 28일까지 3개월간은 강제 철거를 금지하는 조례를 제정했다. 최소한 동절기에 사람을 내쫓는 후안무치만은 거두자는 취지였지만, 이는 역설적으로 11월 30일의 폭력을 극한으로 끌어올리는 모순적인 결과를 낳았다.

넘기면 일단 3월을 바라볼 수 있었다. 그러나 그날 박준경은 머물던 빈집에서마저 쫓겨났다. 찜질방에라도 가 있으라며 5만 원을 건네준 어머니와 헤어진 뒤 그는 12월 4일, 주검으로 발견됐다. 전단지 뒷면에 쓴 그의 유서에는 오랜 폭력이 만든 무력감, 두려움, 깊은 절망이 배어 있었다.

세 번의 강제집행으로 모두 뺏기고 쫓겨나 이 가방 하나가 전부입니다. 추운 겨울에 씻지도 먹지도 자지도 못하며 갈 곳도 없습니다. 3일간 추운 겨울을 길에서 보냈고 내일이 오는 것이 두려워 자살을 선택합니다.

박준경의 사망 이후 서울시는 관련 제도의 개선을 약속했지만 그 개선은 재건축 지역에서 세입자 보상 대책을 수립하면 용적률 인센티브를 주겠다는 권고안을 내놓는 정도에 그쳤다.

박준경과 그의 이웃들이 퇴거 압박으로 불안에 떨던 그때, 언론은 "마포 개발의 삼두마차", "억대 프리미엄" 운운하며 아현동 개발의 시작을 알렸다.[*] 박준경의 장례가 치러지고 농성을 마

• 「공덕1·아현2·염리3…억대 웃돈 없고 달리는 '마포재개발 삼두마차'」, 『한국경제』(2017/03/29).

친 뒤 각종 개발 관련 웹페이지에는 "세입자 관련 이슈"가 해결돼 퇴거 절차가 무사히 마무리되었으며 곧 착공에 들어간다는 속보가 떴다.

박준경이 사라진 곳에서 그를 기억한다는 것

2018년 12월 12일, 박준경의 분향소가 마포구청 앞에 마련됐다. 아현동과 신수동을 비롯한 서울 곳곳의 철거민들이 매일 분향소를 지켰고, 옥바라지선교센터의 기도회가 열렸다. 매일 출근 시간과 점심시간에 우리는 길게 늘어서서 피켓을 들었다. 아현동에서 박준경이 그랬듯 그저 머무르는 것, 그것이 우리가 할 수 있는 전부였다. 눈이 내리는 날에도, 바람이 부는 날에도 우리는 마포구청 앞에 있었다.

한 달 만인 이듬해 1월 11일, 서울시의 공식적인 사과가 있었다. 박준경의 어머니가 지낼 임대주택이 마련되었고, 다음 날 박준경의 영결식도 치르기로 결정됐다.

"해결됐죠?"

마포경찰서 정보과 형사가 피켓을 들고 있던 한 철거민에게 물었다. 아무런 대답이 없자 형사는 재차 물었다.

"에이, 그러지 말고 얘기해 줘요. 해결된 거죠?"

"해결이 뭔데?"

철거민이 되물었다. 분노와 슬픔이 단단히 서린 목소리였다. 그는 다시 물었다.

"해결이 뭔데? 사람이 죽었는데 도대체 뭐가 해결인데!"

장례를 치르게 된 것을 '해결'이라고 말할 수 있을까?

"힘 모아 주신 여러분들 덕분에 장례를 치르게 되었습니다. 부족하지만 앞으로의 투쟁을 결의하며 분향소를 철수합니다."

함께 싸우던 이들은 이렇게 에둘러 설명할 수밖에 없는 상황을, 어떤 이들은 쉽게 "해결"이나 "타협" "타결"이라고 부른다. 일상을 포기하고 이어 온 분투의 시간이 다시 납작하게 구겨진다. 슬픔은 차라리 목 놓아 싸울 수 있을 때 견딜 만한 일이었다. '해결'로 박제한 시간에는 사랑도, 원망도 들어설 자리가 없었다.

"이제 해결이 됐다고 하는데 준경이는 제 옆에 없네요."

영결식장에서 박준경의 어머니가 말했다. 한겨울 차가운 강물에 몸을 던진 자식을 다시 냉동고에 넣어야 했던 어머니의 마음을 나는 알지 못한다. 누구도 알 수 없을 것이다. 대신할 수 없는 슬픔이라 덜어 줄 수도 없기에 우리는 너무 외로운 슬픔이 되지 않도록 함께 기억하겠다는 약속이라도 자꾸 반복하는지 모른다.

"준경아, 다음에는 부잣집에서 태어나라. 추운 거 싫어하는 내 자식 얼마나 추웠니."

재가 된 박준경의 위로 어머니의 눈물과 모란공원의 흙이 덮였다.

어떤 밥상

매년 겨울이면 모란공원에서 박준경의 추모제가 열린다. 젊은이의 제사상에는 불고기 버거, 크림빵, 초코바 같은 것들이 빠지지 않는다. 밥 먹으라는 말은 한 귀로 흘리고 자꾸 초코바만 먹었다며 핀잔 섞인 자식 얘기를 늘어놓을 때도 엄마의 말에는 찰박한 눈물이 고여 있다. 아들을 생각하며 지었을 밥이며 나물, 자작하게 조린 고기를 어머니는 꼭 다시 포장해 내 손에 쥐어 주며 이렇게 말씀하신다.

"혼자 먹으면 어차피 맛이 없어."

나도 눈물로 지은 밥이 다시 어머니의 밥상에 돌아가길 원치 않아 군말 없이 들고 온다. 그리고 천천히 꼭꼭 씹어 먹는다. 올 겨울에도 우리는 모여서 크림빵과 불고기 버거, 초코바, 나물밥을 먹을 것이다.

고 박준경의 사십구재. 2019년 1월 19일.

아현포차와 박준경의 기억

박준경이 살던 아현동 골목길. 2018년.

박준경이 살던 아현동 골목길. 2021년.

아현포차와 박준경의 기억

서대문형무소 9옥사 전경. 2021년.

다섯 번째 산책

독립문

사라진 골목의 기억

빈곤사회연대 활동을 시작했던 2010년 당시 첫 출근지였던 서대문역을 떠올리면 각별한 마음이 든다. 서대문과 독립문 사이, 영천시장과 멀지 않은 곳에 빈곤사회연대 사무실이 있었다. 그때만 해도 물가가 만만해 좋은 동네였다. 봄 대청소를 마치면 서대문독립공원 잔디밭으로 소풍을 나가고, 출출한 오후가 되면 영천시장에서 1000원에 네 개짜리 포슬한 꽈배기와 떡볶이 같은 주전부리를 사왔다. 골목 여기저기 남은 한옥집에 자리한 김치찜부터 도가니탕까지 50년으로는 명함도 못 내미는 노포들을 선배들을 따라 순례하며 사회생활의 첫발을 내딛었던 기억이 내게는 아직도 선명하다.

하지만 이제 그때의 풍경은 절반만 남았다. 영천시장 건너편 교남동에는 경희궁자이가, 독립문 건너편에는 경희궁롯데캐슬이 들어섰다. 도로에 바짝 붙어 병풍처럼 늘어선 아파트 아래를 지날 때면 내가 알던 동네가 맞나, 생경한 느낌이 인다. 걸으면서 봐도 뚜렷한 이 변화는 이화여대에서 넘어오는 현저고가차도를 타고 종로로 넘어갈 때 더욱 스펙터클하게 느껴지는데, 고가

도로 양쪽으로 펼쳐진 아파트를 따라 시야도 덩달아 높아지기 때문이다.

독립문 뒤편엔 서대문형무소가 있다. 1908년 일제가 만든 '경성 감옥'으로 시작해 서대문형무소, 서울형무소, 서울구치소 등으로 이름을 바꾸며 수감자들을 수용해 온 이곳은 1987년 서울구치소가 경기도 의왕시로 이전하면서 1998년 서대문형무소 역사관이 되었다.

사형장의 미루나무

서대문형무소는 1945년 광복 이전까지 수많은 독립운동가를 투옥했고, 1970년대에는 민청학련 사건과 인혁당 사건의 피해자들을 비롯한 민주화 운동 투사들을 가두었다. 엄마는 자신의 증조할아버지도 독립운동을 하다 서대문형무소에서 옥고를 치른 후 고문 후유증으로 돌아가셨다고 했다.

서대문형무소는 역사관이 되면서 독립운동과 민주화 운동을 기억하기 위해 보안과청사와 격벽장, 옥사 등을 복원했다. 보안과청사와 옥사는 당시 행해진 혹독한 고문과 수감자들의 열악한 일상을 자세히 소개하고 있다. 옥사를 나와 형무소 중앙으로 걸어가면 왼쪽으로는 격벽장, 오른쪽 두 시 방향으로는 사형장이 보인다. 수감자들이 서로 얼굴을 보거나 말을 섞지 않고 운동할 수 있도록 부채꼴 모양으로 생긴 격벽장도 스산하지만, 수많은 이들이 목숨을 거둔 사형장은 한발 들어서는 것조차 조심스럽다.

사형장에는 수형자들이 붙잡고 울었다는 '통곡의 미루나무'가 있다. 같은 시기에 사형장 밖에도 미루나무를 심었는데, 밖에 있는 나무는 크게 자랐지만 사형장 안의 나무는 크지 못해 죽은 이들의 한 때문에 나무가 자라지 못했다는 이야기가 전해진다. 안쪽의 작은 미루나무는 2017년에 말라 죽었고, 큼지막한 밖의 미루나무도 100년을 살다 최근 말라 버려 이제 예전의 미루나무는 볼 수 없다. 하지만 슬픔을 머금어 자라지 못한 미루나무에 관한 이야기는 사형장과 함께 계속 이어질 것 같다.

옥바라지 골목

서대문형무소역사관은 세상과 불화한 이들의 치열한 투쟁을 기억하는 장소로서 다양한 기록을 보존하고 있다. 앞으로 일제가 사상범을 수감하기 위해 증축한 구치감도 복원될 예정이다. 이처럼 형무소는 꾸준히 1936년의 옛 모습을 회복하고 있지만, 맞은편의 옥바라지 골목은 그런 대접을 받지 못했다.

서대문형무소가 수형자들을 가둔 공간이라면 옥바라지 골

목은 갇힌 사람들을 살게 하는 연대의 공간이었다. 당시 형무소의 밥이나 수형복은 질이 형편없어서 그렇지 않아도 힘든 수감 생활을 더 어렵게 했다. 형무소 측 역시 수감 인원 증가에 따른 비용 부담을 줄이기 위해 외부에서 밥이나 옷을 보내는 것을 허용했다. 혹독한 고초를 치르는 독립운동가의 가족과 동료들은 옥바라지 골목에서 밥을 지어 감옥으로 보내기도 하고 편지를 전하거나 면회를 기다렸다. 서울에 머물 수 없어 직접 지은 밥을 넣어 주지 못하는 가족들을 대신해 도시락을 보내 주던 차입소나, 글을 모르는 가족들의 면회 신청을 위해 서류를 작성해 주던 대서소 등이 옥바라지 골목에 있었다. 서대문형무소역사관에는 기록되지 않은 역사다.

옥바라지 골목이 위치한 현저동*은 서대문형무소와 함께 만들어진 마을이라 해도 과언이 아니다. 서대문형무소의 수감자는 1908년 500여 명에서 1919년 삼일운동을 거치며 3300여 명으로 급증했다. 당시 지적도(경성시가도)에 따르면 황량하던 형무소 맞은편에는 1910년 이후 작은 골목들이 하나둘 생겨나기 시작했고, 삼일운동 이후인 1923년에 이르러 꽤 규모 있는 마을이

---

* 1975년, 서대문구 현저동의 일부는 종로구 무악동으로 편입됐다.

되었다.*

　현저동은 사대문 밖 저렴한 집을 찾는 서민들의 마을이기도 했다. 1930년 서울 지역 학생들의 만세 운동을 이끌었던 이화여고보(이화여자고등보통학교, 현 이화여자중고등학교) 최복순은 한 달 13원이던 기숙사비를 아끼기 위해 7원에 하숙이 가능한 현저동에 머물렀다. 최복순뿐만 아니라 6명 이상의 가담자들이 여기서 하숙을 하거나 거주했다는 사실**은 이곳이 독립운동가들을 연결하는 공간이었음을 보여 준다.

　인혁당 사건의 피해자들이 옥고를 치르는 동안 그 가족들도 이 골목에서 옥바라지를 했다. 1975년 4월 8일, 대법원이 사형을 선고한 지 불과 18시간 만에 사형이 집행되었다. 사형수 8명의 눈물을 미루나무는 보았을까. 갑작스러운 사형 집행 소식을 들은 가족들의 통탄 어린 울음소리는 옥바라지 골목이 들었을 것이다.***

　•　KBS, <옥바라지, 그녀들의 독립운동>(2021/08/15).
　••　박은선, 2016, 「옥바라지 골목과 항일 독립운동 인물들」, 『옥바라지 골목으로 본 도시 역사와 재개발의 문제』, 리슨투더시티, 60쪽.
　•••　「옥바라지 골목, 백년사가 사라진다」, 『한겨레21』(2016/02/23).

하지만 2006년 '무악2구역'이라는 이름의 도시환경정비구역으로 지정되면서 이곳에도 개발 열풍이 불어닥쳤다. 그리고 2010년 재개발조합이 결성되고 2015년 관리처분계획 인가 결정이 난 이후 철거가 시작됐다. 옥바라지 골목의 역사성에 비추어 볼 때 개발을 서둘러선 안 된다는 역사 단체들의 지적과• 이곳에서 생계를 이어 가던 이들의 저항에도 불구하고 재개발조합과 롯데건설은 "그 역사가 정확하지 않다"거나 "가난한 동네이기 때문에 유적이랄 것도 없다"고 주장했다.

당시 서울시장 박원순은 "내가 소송을 당해도 좋습니다. 이 공사는 없습니다"라며 공사 중지를 명령했지만 소용없었다. 결국 2016년, 100년 된 옥바라지 골목은 완전히 철거되고 경희궁 롯데캐슬이 들어섰다. 그나마 절충안으로 마련된 마을 박물관의 이름조차 '옥바라지'라 하지 못하고 '독립운동가 가족을 생각하는 작은 집'이라는 간판을 달았다. 우리가 이 공간의 상실로 잃어버린 이야기가 무엇인지조차 더 이상 알 길이 사라졌다.

• 역사문제연구소·역사학연구소·한국역사연구회 공동성명, 「서울시는 '옥바라지 골목'을 보존하라!」 (2016/04/01).

독립문 앞 영천시장 감자탕집에서 친구들과 왁자한 술자리를 갖던 2017년 어느 날, 옆자리에 앉아 있던 택시 기사 분과 이야기를 나누게 되었다. 이런저런 이야기 도중 듣게 된 것은 뜻밖에도 1980년 5월 광주에 관한 기억이었다. 당시 중학생으로 근처 시골에 살던 아저씨는 광주에 큰일이 났다는 소문을 듣고 시내로 식모살이를 간 엄마를 찾으러 달려갔다. 당도한 시내에는 정말 총을 든 군인들과 쓰러져 죽어 가는 사람들이 있었다. 깜짝 놀란 아저씨는 골목으로 달아나 숨어 있다가 엄마 찾을 생각은 접고 다시 집으로 줄행랑을 쳤다. 이야기를 하던 아저씨는 30년이 넘도록 딱 한 사람, 부인에게만 했던 이야기라며 울었다. 너무 무서워서 그날에 대한 기억도 지우고 말도 하지 않고 살았다며 아저씨는 눈물을 그치지 못했다.

그날 이후 나는 역사 속 사건으로만 기억했던 1980년 5월의 광주를 그 시간에 남겨 둘 수 없게 되었다. 광주는 지금 나와 함께 살아가는 사람들이 겪은 일이다. 그때 발생한 사건뿐만 아니라 그로부터 출발한 두려움, 슬픔, 분노와 침묵으로 가둔 길고 긴 시간까지 1980년 5월 광주를 말할 때 함께 생각해야 했다. 살아남아 그 상처를 안고 살아온 사람들의 이야기가 우리 모두의 몫이 되는 것, 역사는 이 과정을 포함하는 역동적인 일이어야 한다는 것을 그 아저씨가 알려 줬다.

사건을 넘어 그것을 경험한 삶을 알기 위해 우리는 박물관 뿐만 아니라 옥바라지 골목이 필요했다. 옥바라지 골목에 대한 더 많은 연구의 필요성을 주장한 역사가와 활동가들에게 '개발이 지연돼 생기는 빚은 너희들이 갚을 것이냐'는 비난이 쏟아지며 골목은 사라졌다. 앞으로 사람들은 과연 이 상실을 기억할 수 있을까. 반쪽짜리 기록만으로 우리는 과거를 얼마나 이해할 수 있을까.

가난을 몰아낸 자리에 남는 건 무엇일까

(소설가 홍성원) 선생은 개항 무렵의 강상江商들에 관한 소설을 쓰려고 경기도와 충청도 지역의 강나루를 답사한 적이 있다. 마지막 강상들과 함께 일했던 사공들이 아직 남아 있을 때였다. 그러나 사공들에게서 기대하던 대답을 얻을 수는 없었다. 강에 댐을 쌓고 하안 공사를 하고 난 후 나루터가 없어지고 나니 거기서 일하던 기억도 사라지고 말았다고 늙은 사공들은 대답했다. 내가 무엇을 하고 살았던가. 선생은 대답 대신 한탄을 들었다.*

현저동에서 사라진 것은 옥바라지 골목만이 아니다. 올해로 68세가 된, 홈리스야학의 한 학생은 고교 시절 인왕산 무허가촌에서 쫓겨났다. 1973년으로 추정되는, 현저동 산3번지 철거의 기억은 그에게 "책 다 내다 버리라"던 오빠의 말로만 남아 있다. 1975년에는 현저동 10번지 일대에서 600채가, 1978년에는 현저동 산5-1 일대 330채가 철거됐다.•• 그 이후로도 현저동엔 철거와 분쟁이 끊이지 않았다. 박완서가 살았고 그의 많은 소설의 배경이 된 현저동, 조세희의 『난장이가 쏘아 올린 작은 공』의 낙원구 행복동이기도 했던 현저동은 이제 없다.

공간이 사라지면 기록이 사라지고, 기록이 사라지면 기억도 사라진다. 옥바라지 골목 철거에 맞서 싸운 사람들은 천편일률적인 아파트가 아닌 다양한 도시의 모습을 위해 싸운 것이기도 하고, 재개발이 반복될 때마다 살 곳을 잃고 쫓겨나는 사람들과 함께 싸운 것이기도 하다. 이는 동시에 역사를 기억하는 방법을 둘러싼 투쟁이기도 했다.

투사의 삶을 박물관이 된 형무소만으로 전부 기억할 순 없

•   황현산, 2013, 『밤이 선생이다』, 난다, 60쪽.
•• 「불량 주택 1만400채 정리」, 『경향신문』
(1975/05/30); 「내년에 하천변·고지대 등 무허가 건물
5900여 동 철거」, 『중앙일보』(1978/07/31).

다. 감옥 밖에서 안으로 건넨 밥과 응원, 노래와 편지가 갇힌 몸들의 시간을 함께 살았다. 그렇게 살아온 가난한 동네, 비루한 사람들의 이야기는 사라진 공간을 떠나 어디에 남아야 하나. 박완서가 보았던, "상자갑을 쏟아 놓은 것처럼" 아무렇게나 밀집돼 있던 "시골집 뒷간만 한" 집들과• 조세희가 만난 "눈물 냄새 나는"•• 사람들의 공간은 이제 없다. 누구의 역사가 남고 누구의 역사가 사라지는지는 마주 선 아파트가 선명히 보여 주고 있다. 옥바라지 골목의 철거에 맞서 싸웠던 리슨투더시티 활동가 박은선은 한 대담에서 이렇게 말했다.

"재개발이 지독한 게, 마을 이름을 없애요. 우리 동네 이름은 사라지고 '무악2구역' 이렇게 불러요."

옥바라지 골목이 사라진 후, 현저동·무악동으로 불리던 그곳은 '무악2구역'이라는 이름을 거쳐 이제 경희궁롯데캐슬이 되었다. 집을 잃은 사람들은 주소도, 이름도 잃는다. 무악동의 수많은 집과 골목이 사라진 자리엔 무악동 89번지, 통일로230이라는 단 하나의 주소만 남았다.

• 박완서, 2010, 『엄마의 말뚝』, 세계사, 28쪽.
•• 조세희, 2000, 『난장이가 쏘아올린 작은 공』, 이성과힘, 112쪽.

그렇다면 이제 옥바라지 골목은 영원히 사라진 걸까. 옥바라지 골목 철거에 맞선 싸움은 현저동의 잊힌 역사를 발굴해 냈고, 어떤 역사가 남는지를 질문했다. 이 싸움과 질문은 청계천을 지로보존연대로, 그리고 대안적인 도시를 꿈꾸는 모든 이들에게로 이어지고 있다. 무엇보다 옥바라지 골목에 연대하던 신학생들이 만든 '옥바라지선교센터'가 오늘도 곳곳에서 쫓겨나는 이들과 함께 싸우고 있다. 이제는 쫓겨나는 사람들, 사라지는 공간엔 '옥바라지선교센터'의 깃발이 휘날리고 있으니 어쩌면 옥바라지는 말 그대로 출구 없는 세상에 갇힌 몸을 살리는 일에 여전히 종사하고 있는 셈이다.

'독립운동가 가족을 생각하는 작은 집'
뒤로 보이는 경희궁롯데캐슬 아파트. 2021년.

독립운동가 가족을
생각하는 작은 집

상계동 재개발 지역 철거 모습. 1987년.
ⓒ 경향신문

상계동

올림픽이 밀어낸
자리

쫓겨남의 연속

내가 기억하는 첫 집은 네 살 때 살던 상계동 한신아파트다. 복도식 아파트에는 또래 아이들이 복작거렸고, 놀이터에는 멋진 장미 넝쿨이 있었다. 엄마와 명동으로 시내 나들이를 다녀오던 날에는 4호선 지하철을 탔다. 어두운 지하를 달리다 지상으로 지하철이 나오면 차창 밖 멀리 아파트 단지와 붉은 노을을 보며 집에 다 왔구나 생각했다.

성냥갑 같은 아파트들이 빼곡한 지금의 풍경과 달리 당시 상계동은 아파트 단지 몇 곳을 제외하고는 허허벌판이었다. 아파트 뒤편 빈터에는 큰 트램펄린이 있었다. "방방 놀이터"라고 부르던 그곳에서 한참을 뛰고 구른 뒤에는 할아버지가 파는 달고나 젓가락에 감아 주는 끈적한 엿을 사먹었다. 언니 친구들을 졸졸 따라다니던 내가 선뜻 어울리지 못하고 주변을 맴돌면 할아버지는 납작하게 누르지 않고 둥글게 부풀린 달고나 한 덩이를 내 손에 쥐어 주곤 했다.

고작 한두 해를 살고 떠났을 뿐이지만 이런 추억들 덕분인지 상계동은 내게 애틋한 기억으로 남았다. 하지만 그곳에 아파트가 지어지기 전, 상계동 173번지에 살던 주민들에게는 아마 전혀 다른 기억으로 남았을 것이다.

> 후암동·대방동·흑석동·신풍동의 판잣집들은 영등포구 목동 안양천변으로, 한남동의 판잣집 주민들은 성북구 상계동으로 각각 옮겨 갔다. 목동의 경우 한 가구당 7평씩을 분배받았다. 철거민들은 움막을 짓고 엄동을 지낼 셈들이다. 그것보다도 생활의 본거지이던 도심을 벗어났기 때문에 막연하다. 해진 생계는 이들을 더 답답하게 만들었다.*

1960년대부터 서울시는 도심 내 무허가 판잣집을 비롯한 '불량 주택'을 강제로 철거하고 주민들을 이주시켰다. 상계동은 한남동과 시내 곳곳의 무허가 주택이 철거되거나 화재·수해가 발생할 때마다 주민들을 이주시키며 만들어진 지역이다. 이들 중에는 건설 일용직이나 행상으로 살아가는 가난한 주민들이 많았다.

1981년, 서울올림픽 개최가 결정되면서 철거의 바람은 쫓겨

---

* 「한국의 숙제(1) 판자집」, 『경향신문』(1964/11/18).

난 이들에게 또다시 불어닥쳤다. 판잣집이나 달동네가 서울에 방문하는 외국인들 눈에 너무 볼품없다고 생각한 정부는 강제 철거에 박차를 가했다.

1986년 3월 21일에 재개발 계고장이 나온 뒤 5월 13일부터 시작된 철거는 다음 해 4월 13일, 철거민들이 명동성당으로 옮기기 전까지 열 차례 넘게 진행됐다. 그리고 그 과정에서 엉망이 된 마을 담벼락에 깔린 초등학교 2학년 오동근 어린이를 포함해 네 명의 주민이 사망했다.•

포클레인이 무작정 밀고 들어왔어. 옥상에 있는 된장, 고추장 항아리까지 있는 대로 다 부숴 버렸지. 심지어 애들이 방 안에서 자고 있는데 집을 무너뜨리더라고.
| 상계동 철거민 안 씨••

• 상계동에서 쫓겨나 명동성당에서 지내다가 1988년 1월, 경기도 부천시 고강동으로 이주한 상계동 철거민들은 급기야 여기에 지은 임시 건물도 철거당한다. 그곳이 올림픽 성화 봉송이 지나는 고속도로 주변이었기 때문이다. 결과적으로 1988년 서울올림픽은 상계동 철거민을 포함해 72만 명을 쫓아냈다.
•• 김민석, 「상계동 올림픽, 폐막은 없다: 1986년 '상계동 강제 철거'의 기억」, 『서울대 저널』(2016/06/03).

철거 광풍은 상계동보다 목동이 먼저였다. 목동과 신정동 일대 안양천 뚝방촌에 살던 사람들은 1960년대 후반부터 여의도, 영등포, 아현동 등에서 이미 한 번 쫓겨난 사람들이었다. 서울시는 목동과 신정동의 140만 평 땅에 저렴한 서민 주택을 건설하겠다며 주민들로부터 땅을 매입했지만, 이후 돌연 20~58평형 아파트를 건설하는 것으로 계획을 변경했다. 서울시가 목동 주민들에게 평당 7~14만 원에 매입한 땅은 아파트 분양 시점에는 평당 105~134만 원으로 올랐다. 주민들은 3년에 걸쳐 철거 반대 투쟁을 이어 나갔다. 1984년 8월 27일에 목동 주민들은 양화교를 점거했고, 이후 7개월간 100회 이상의 가두시위와 점거 농성을 벌였다. 이를 통해 주민들은 무허가 주택의 재산권을 인정받았고, 세입자들은 10평짜리 아파트 입주권과 낮은 이율로 이주비를 대출해 준다는 약속을 얻어 냈다. 이는 이후 철거민들의 투쟁에 많은 영향을 미쳤다.*

* "목동 공영 개발 지역은 1년여에 걸친 싸움을 통해, 1980년대적인 철거민 운동의 전형을 만들어 낸 사례다. 주민들이 초기에는 막연히 '적정 보상'을 요구했으나 반대 운동이 지속되어 가면서 아파트 입주권이나 대토, 임대 아파트 등 그 요구가 구체화, 다양화되었다. 또 목동에서는 최초로 세입자 대책 문제가 등장했으며 세입자에게도 보상하는 선례를 남기게 되었다." 김수현 외, 1998, 『철거민이 본 철거: 서울시 철거민 운동사』,

상계동 철거민들이 빠른 시간 안에 세입자 대책위원회를 설립하고 대응에 나선 것은 이렇게 목동 철거민들이 먼저 간 길이 있었기 때문이다. 처음에 세입자 대책위원회는 경기도 포천의 양계장 부지로 이주하라는 제안을 받아들였지만, 막상 포천에 가보니 서울로 오가는 버스가 없어 출퇴근조차 불가능했다. 이에 분개한 주민들은 개발추진위원회에 영합하는 기존의 세입자 대책위원회를 나와 1986년 6월 1일, 새로운 대책위원회를 꾸리고 다음과 같은 결의문*을 채택했다.

우리의 주장

대책 없는 강제 철거 즉각 중지하라.

1. 당국은 우리 영세 세입자들의 생존권을 위협·박탈하지 말라.
1. 우리의 보금자리를 보장하라.
1. 당국은 정당한 우리의 요구 사항을 관철시킬 수 있도록 노력하라.

한국도시연구소, 99쪽.
• 상계동 세입자 대책위원회, 1986, 「상계동 173번지 세입자 투쟁 일지」, 민주화운동기념사업회, 2쪽.

1. 우리는 굳게 뭉쳐 우리의 요구가 관철될 때까지 결사 투쟁한다.

오늘날 세입자들의 요구와 비교하면 무척 투박해 보인다. 당시 세입자들에게 아무런 법적 권리가 없었다는 점에서 생존권에 대한 요구가 이 이상 구체적이기는 힘들었다. 이에 반해 요구안에 대한 도봉구청의 대답은 구체적이고, 오늘날 철거민이 듣는 대답과도 무척 흡사하다. 6월 7일, 도봉구청 도시경비국장과 주택과장은 법에 의거해 다음과 같이 말한다.

회담 내용
: 법으로 보아도 세입자는 보증금 환수받아 나가야 된다.
: 재개발법상 세입자는 말할 권리가 없다.
: 주민 자체 개발이니 관이 개입할 수 없다.
: 강제 철거도 가옥주가 하니까 어쩔 수 없다.*

열흘 만에 철거는 다시 시작됐다. 세입자 대책위원회에 따르면, 1986년 6월 26일에 일어난 강제 철거에는 가옥주 1000명

· 같은 글, 2쪽.

과 폭력배 500여 명, 경찰 500여 명과 사복형사 10여 명이 동원됐다. 경찰은 폭력을 저지하기는커녕 동조했다. 건물주들이 3층 건물 옥상에 설치한 커다란 스피커 다섯 대에서는 철거를 지시하는 날카로운 목소리가 온 동네에 꽂혔다.

오늘은 마음 푹 놓고 부셔라! 상처만 안 나게 두들겨 패라! 모든 책임은 추진위원장 내가 진다!**

이들은 빈집이건 사람이 사는 집이건 가리지 않고 포클레인을 내려찍었다. 우는 아기를 창밖으로 던져 버릴 정도로 안하무인이었다. 이날의 철거로 주민 1명이 사망하고 41명이 중상해를 입었으며 60명이 연행됐다.

강제 철거의 뿌리, 합동 재개발

상계동 철거민들의 항의로 다음 날 도봉구청장은 면담에 응했지만 "자체 개발이니 관이 개입할 수 없다"는 답변만 되풀이했다.

** 같은 글, 3쪽.

이는 1980년대 초부터 시작된 한국의 독특한 개발 방식, '합동 재개발'과 관련돼 있다.

1966년, 『서울은 만원이다』라는 소설이 나온 이후에도• 서울의 인구는 꾸역꾸역 늘어나 1980년까지 15년간 489만3500명이 서울로 유입됐다.•• 적당한 주택 공급 없이 늘어난 인구는 필연적으로 무허가 주택을 비롯한 각종 주거지 문제를 불러왔다. 빠른 주택 공급을 위해 정부는 1982년, 합동 재개발을 도입했다. 이는 주민들이 조합을 결성해 토지를 제공하고, 건설 업체는 아파트를 지어 조합원에게 배정한 뒤, 나머지는 일반 분양을 하는 방식을 말한다. 얼핏 합리적으로 보이지만 실은 반쪽짜리 해결책이었다. 여기서 말하는 주민은 땅과 집을 소유한 사람에 불과했고, 더 많은 숫자를 차지하는 세입자들에게는 아무런 대책이 제공되지 않았다. 게다가 정보에 어두운 가난한 가옥주들은 재개발 정보를 미리 알고 접근한 외지인에게 헐값으로 집을 넘겨 버리거나, 새롭게 지어지는 아파트를 구입하는 데 추가로 들어갈 돈을

• 1966년 2월 8일부터 10월 31일까지 이호철이 『동아일보』에 연재한 소설이다.
•• 박보영, 2010, 「천주교 빈민 운동의 형성과 전개: 천주교 도시빈민회를 중심으로」, 『상황과 복지』 29권 29호, 135쪽.

마련하지 못해 입주권을 포기해야 했다.

도심 미관을 위해 상계동과 목동으로 쫓겨났던 도시 빈민들은 이처럼 중산층에 주택을 공급하기 위한 정부 정책으로 다시 쫓겨나게 됐지만 이들을 위한 대책은 없었다. 애초에 합동 재개발 자체가 민간 자본과 토지 소유주, 대형 건설업체를 참여시켜 정부의 부족한 재원과 행정력 문제를 해결하면서 주택을 공급하는 방식이었기 때문에 가난한 이들의 사정은 관심사가 아니었던 것이다. 개발에 참여한 이들에게는 부동산 가치 상승으로 엄청난 이득이 돌아갔지만, 이는 그곳에 살던 가난한 주민들의 목을 죄었다. 이윤은 개발에 참여하는 이들에게, 피해는 여기서 쫓겨나는 이들에게 정확히 분담되었다.

더불어 '개발 전 조합의 자진 철거'는 폭력의 양상을 바꾸었다. 합동 재개발 이전의 철거 폭력은 공권력에 의한 것이었지만, 이제는 시민들 간의 싸움이 된 것이다. 어제까지 한동네 주민이던 건물주와 세입자가 적이 되고, 건물주가 고용한 깡패들이 집을 부쉈다. 강제 철거는 이렇게 정부의 주택 공급 방식 변화와 긴밀히 연결되어 있었다. 지금도 수많은 아파트 단지들이 이 같은 방식으로 지어지고 있다.

처음 운동을 접했을 때 나는 옳고 그름이란 명확한 것이며, 이를 잘 선별할 능력만 있으면 세상이 나아진다고 믿었던 것 같다. 20대의 나는 아군과 적군을 가르는 선명한 기준을 잣대로 타인의 삶과 생각에 대해 단정하길 두려워하지 않았다. 그런 내게 아빠는 세상은 그렇게 단순하지 않다고 했다.

1980년대에 주택공사를 다녔던 아빠는 상계동에 아파트를 지었다. 쫓겨나는 사람들을 보며 사표를 던지고 싶은 마음도 없지 않았지만, 결국 그 자리에 아파트를 짓고 나를 키웠다. 철거민들이 쫓겨난 곳에서 먹고살겠다고 그런 일을 하는 것은 부끄러운 짓이었지만, 나를 먹여 살리는 것은 부끄러운 일이 아니었다고 아빠는 말했다. 허구한 날 집회만 쫓아다니는 딸을 탐탁치 않게 바라보면서도 판교 철거민들의 농성장을 지나며 "네가 말하는 연대는 저 사람들에게 정말 필요한 것"이라고 말하던 아빠의 연원에는 상계동 철거민들이 있었다.

상계동 그 자리에서 먹고 자랐다는 사실을 깨닫고 나서야 내게도 떠오르는 기억들이 있었다. 살았던 동네마다 항상 쫓겨나는 사람들이 있었다. 수원에 살 때는 성당 뒤쪽에 철거민 가수용 단지가 있었다. 용인에 살 때는 학교까지 오가는 길목에 비닐하우스가 많았는데, 그 벌판에는 스피커를 단 높은 구조물이 솟아 있었다. 개발이 시작되자 비닐하우스에 살던 친구들은 마을을 떠났다. 새로 생긴 아파트는 그 가족들의 자리가 아니었기 때문이다.

스무 살이 넘어 처음 참여한 집회에서 나는 이미 <단결투쟁가>니 <임을 위한 행진곡> 같은 노래를 금방 따라 부를 수 있었는데, 생각해 보니 내가 살던 어딘가에서는 늘 이런 노래들이 흘러나오고 있었기 때문이다. 벌판의 망루 위에서 혹은 낡은 봉고차의 스피커에서 흘러나오던, 따갑게 귀를 때리던 노래들은 멈춘 적이 없지만 사실 그전까지 나는 그 노래에 한 번도 귀 기울이지 않았다.

1980년대 철거민의 저항은 정부의 주택 정책을 변화시켰다. 목동 철거민들의 투쟁 이후 정부는 무허가 주택의 재산권을 인정하고 일부 세입자에게는 보상을 실시했다. 싸움은 사당동, 상계동, 돈암동으로 이어졌고 기독교도시빈민선교협의회와 천주교도시빈민회를 비롯한 종교 운동이 함께했다. 1990년 동소문·돈암동 철거민들의 투쟁을 통해 개발 지역 세입자들은 영구임대주택 입주권과 3개월분 주거 대책비를 얻어 냈지만, 영구임대주택에 입주 가능한 자격의 소득 기준이 낮아 모든 세입자에게 혜택이 돌아갈 순 없었다. 아파트가 지어질 때마다 공적 자본이 투여됐지만 집을 살 수 있는 사람들만 공공의 투자를 사유화하고, 그렇지 못한 이들은 쫓겨 다니기만 했다.

내 주민등록 초본은 네 쪽에 달한다. 세입자에게 단 2년의 권리만을 보장하는 이 사회에서 38년간 살아온 증거다. 주소지를 이전하지 않고 살았던 집들까지 추가하면 아마 한두 쪽은 너끈히 늘어날 것이다. 그러나 이 무수한 주거 전쟁들의 마지막에는 단지 이사가 아니라 집을 빼앗긴 사람들, 가족을 잃은 사람들이 있었다. 그렇게 누군가 쫓겨난 자리를 새롭게 차지한 사람들은 쫓겨난 사람들에 대해 관심이 없다는 걸 나는 무엇보다 내 자신의 무지를 돌아보며 알 수 있었다. 누군가의 삶이 위태로울 때 바로 옆의 내 삶이 그토록 평온했다는 게 두렵다. 타인의 희생 위에 만들어진 평화는 가짜일 텐데, 이 평화를 의심 없이 즐겼던 시간은 진짜로 달콤했기 때문이다.

올림픽의 비용

외국인 보기에 좋으라고 사람을 쫓아내는 야만은 수십 년 전 저개발 국가에서나 일어나는 행태가 아니냐고 반문하는 사람들도 있겠지만, 올림픽 퇴거는 지금도 여기저기서 반복되고 있다.

2021년 열린 도쿄올림픽에서도 가난한 사람들이 쫓겨났다. 도쿄국립경기장 인근 공공 임대주택 가스미가오카에 살고 있던 400여 가구 주민들은 올림픽을 앞두고 강제 이주했다. 경기 기간 홈리스에 대한 강제 퇴거도 이어졌다. 굳게 문을 닫은 도쿄공원에서는 홈리스들이 잠을 청하지 못하도록 조명을 환하게 밝혔다. 경비들은 이들을 쫓아내며 "올림픽 때는 제발 숨어 있으라"• 조언했다.

올림픽은 사람뿐만 아니라 자연도 쫓아낸다. 2018년 평창 동계올림픽에 사용할 슬로프를 만들기 위해 가리왕산의 나무 10만 그루가 잘려 나갔다. 1997년 무주·전주 동계 유니버시아드 대회 때는 덕유산 230만 평이 파괴됐다. 며칠의 대회를 위해 가리왕산의 500년 원시림과 덕유산의 구상나무 군락지, 그리고 고산 습지가 영원히 철거된 것이다.

이런 올림픽 퇴거는 원활한 경기 진행을 위해 잠시 자리를 내주는 일이 아니다. 자연이든 사람이든 없어진 것을 되돌릴 방법은 없다. 올림픽 개최를 위해 투여되는 공적 자금은 경기가 열리는 도시 일대의 부동산 투자자와 건설 회사를 비롯한 올림픽 산업 관계자들에게 막대한 부를 안겨 준다. 하지만 도시 빈민 입장에서 보면 이는 결국 계급 청소나 다름없다. 게다가 대규모 자연 개발은 일차적으로 지역 주민들에게 피해를 입힐 뿐만 아니

• 「도쿄 올림픽과 노숙자들은 과연 공존할 수 있을까?」,
<bbc 뉴스 코리아>(2021/07/30).

라 결국 모두의 사회적 비용으로 돌아온다.*

국제 대회를 치를 때 정부는 천문학적 액수의 경제 효과만
을 이야기하지만 여기엔 불평등의 비용이 빠져 있다. 그런 대회
들이 낳은 불평등의 사회경제적 손실은 그 누구도 정확히 계산해
본 적이 없을 테지만 누군가는 그 비용을 자기 삶으로 떠맡아 치
렀다. 이 도시는 그들의 무덤 위에 세워진 셈이다.

* 브라질 시민들은 2014년 월드컵과 2016년
리우데자이네루 올림픽에 들어갈 공적 자금으로 더 나은
교육·의료와 대중교통을 보장하라는 시위를 벌였다.

상계동 재개발 지역의 주민들. 1987년 4월.
ⓒ 경향신문

서울역 지하도, 2020년.

서울역

홈리스의 기억

내가 활동하는 빈곤사회연대는 여러 반빈곤운동 단체들과 함께 '아랫마을'이라는 공간을 만들어 사무실을 공유하고 있다. 아랫마을에서는 홈리스야학도 열린다. 거리나 쪽방, 고시원 등지에 살고 있는 이들이 찾는 곳이기 때문에 사무실은 서울역 반경 2킬로미터 내에 자리 잡는다는 원칙이 있다. 차비가 없는 이들도 조금 애쓰면 걸어올 만한 거리라고 생각해 잡은 기준이다. 서울역과 불과 500미터 정도 떨어진 현재 아랫마을 인근에도 고시원과 여인숙, 쪽방들이 군데군데 자리 잡고 있다.

서울역의 첫 모습은 1900년 서울과 인천을 연결하는 경인선 철도의 간이역사였다. 이후 통행량이 많아지면서 1925년, 경성역이 건설됐다. 1947년에 서울역으로 개명한 경성역은 현재 '문화역서울 284'라는 이름으로 서울역 광장 한 켠에 남아 있다. 현재 우리가 기차를 타기 위해 이용하는 서울역은 KTX를 개통하면서 2004년에 새롭게 연 역사다.

이와 같은 변화에 따라 서울역 인근 모습도 변했다. 지금은 상상하기 어렵겠지만 염천교에는 재래시장이 있었다. 수산물을 주로 취급하던 이 시장은 1971년, 노량진으로 이전해 노량진수산시장이 됐다. 서울역 맞은편 동자동과 양동·도동* 일대에는 광복 후 판잣집이 즐비했다. 1960년대부터 정부가 판잣집을 반복적으로 철거하고, 1978년부터 중구청이 양동 일대 재개발에 나서면서 판자촌은 사라졌지만, 여전히 동자동에는 저렴한 여인숙과 쪽방들이 남아 있다. 서울역 뒤편 중림동에도 가난한 이들이 잠시 몸을 붙일 수 있는 동네가 있다. 도시가 변해 감에 따라 그 규모는 줄어들었으나 예나 지금이나 서울역은 서울에서 가장 가난한 이들이 모이는 곳이다.

하지만 이용자의 경제적 지위나 목적에 따라 공간에 대한 경험은 달라진다. 서울역을 스쳐 지나가는 승객들에게 이곳의 인상은 거대한 서울스퀘어 빌딩과 그 뒤로 보이는 남산의 풍경으로 남겠지만, 그 뒤편 골목엔 동자동의 쪽방촌이 숨어 있다. 서울역 인근의 거리 홈리스와 주민들에게 이곳은 오래 머물며 쉬는 공간이다. 그러다 보니 이들은 보통 쫓아내야 할 대상이 된다. 서울역이 고용한 까만 옷을 입은 특수 경비 용역들은 고압적인

• 양동은 현재 남대문로5가 542~626번지 일대를 말하며, 도동은 현재 남대문로5가와 동자동과 후암동에 걸쳐 있는 곳을 말한다.

태도로 홈리스를 쫓아내기도 하지만 "차표 좀 보겠습니다" 하면서 자못 세련된 방식을 취할 때도 있다. 차표가 없다고 서울역에 있지 말란 법은 없지만 이런 말에 겸연쩍은 뒤통수로 돌아 나가는 사람이 있다면 그는 십중팔구 서울역이 아니면 갈 곳이 없는 사람이다.

역전 떨꺼둥이들의 죽음과 반란

서울역은 1988년부터 민자역사로 운영되었다. 현재 롯데마트가 있는 건물이 첫 번째 민자역사다. 이후 2004년에 문을 연 유리로 된 빌딩이 현재 우리가 사용 중인 서울통합민자역사다. 첫 번째 민자역사와 두 번째 민자역사는 규모도 다르지만 구조에서도 차이가 있다. 기존 민자역사는 2층에 대합실이 있는 3층짜리 건물로, 열차를 이용하는 승객들이 민자역사에 들어선 식당이나 카페를 이용하는 주된 고객이었다. 그에 반해 2004년에 생긴 민자역사는 규모가 훨씬 커졌을 뿐만 아니라 출구를 여러 방향으로 만들어 오가는 이들의 동선을 입체적으로 활용했다. 대형 마트와 백화점은 승객뿐만 아니라 지역 주민들이 서울역을 찾게 했고, 이들의 동선에 맞춰 상업 시설이 배치됐다.

이렇게 시민의 동선을 상업화한 민자역사는 역사 내 역무

시설의 비율에도 영향을 미친다. 민자역사가 도입되기 전, 역내 역무 시설 비율은 91퍼센트였으나, 민자역사가 처음 도입된 1988년 이 비율은 29퍼센트로, 2004년에는 16퍼센트까지 떨어졌다.ᐧ 이는 기차를 기다리는 동안 앉을 의자가 없다든지, 열차를 타고 내리는 사람에 비해 통로가 비좁아지는 등의 문제로 나타난다. 그리고 이렇게 상업 시설로 채워진 공간에서ᐧᐧ 홈리스에 대한 강제 퇴거 조치는 더욱 강력히 시행되기 시작했다.

2004년 7월 10일 밤, 서울역에서 노숙하던 27세 문 씨가 철도공안(현 철도특별사법경찰대)의 단속 과정에서 사망했다. 유실물 보관소에서 발견된 시신을 부검한 결과, 철도공안의 압박에 의해 질식사한 것으로 밝혀졌다. 홈리스 인권 단체들은 대책 모임을 구성하고 단속 과정에 대한 진상 규명과 재발 방지 대책을 요구하며 8월 25일부터 50일간 천막 농성을 이어 갔으나 철도청의 답변은 들을 수 없었다.

이듬해 1월, 서울역에서 또다시 사망 사건이 발생했다. 38세 이 씨와 40세 김 씨였다. 2004년 문 씨의 죽음을 경험한 홈리스들

ᐧ 신예경·김진균, 2009, 「서울역사 공간 분화에 관한 연구」, 『대한건축학회 논문집』, vol. 25, no. 7.
ᐧᐧ 신예경, 2011, 「서울역사 북구 구내 상업 공간의 변형과 수용」, 『대한건축학회 논문집』, vol. 27, no. 11.

사이에는 '맞아 죽었다'는 소문이 퍼졌다. 사인은 명확하지 않았지만 목격된 장면이 있었다. 쓰러져 의식이 없던 이들을 서울역 공익 요원들이 폐지를 실어 나르는 손수레로 이송했던 것이다.

이 사실이 알려지면서 분노한 홈리스 100여 명이 대합실에 모여 매표소에 집기를 던지고 두 시간가량 경찰과 대치했다. 이 과정에서 여섯 명이 폭력 혐의로 연행될 만큼 격렬한 항의였다. 이후 국립과학수사연구소의 부검 결과 김 씨의 사망 원인은 간경화, 이 씨는 결핵으로 인한 폐렴으로 밝혀졌으나 그렇다고 죽어 가는 순간에도 존중받지 못하고 손수레에 실려 간 사실이 달라지는 건 아니었다. '맞아 죽었을 것이다'라는 오해에는 근거가 있었다. 현장에 있던 한 홈리스는 철도공안이 "날씨가 추워 갈 데도 없는데 구둣발로 차는 등 구타하기 일쑤였고, 심지어 전자봉을 사용하기도 했다"며 "평소 그 사람들이 노숙인을 대하는 태도로 봤을 때 일어날 수밖에 없는 일"*이라고 말했다.

하지만 같은 인간으로 대우해 달라는 홈리스의 저항은 더 효과적인 퇴거 절차를 마련하겠다는 답변으로 돌아왔다. 이 같은 저항 이후 서울시지하철공사는 「서울지하철 노숙자 대책 마련」

---

* 「노숙인들 "서울역 공안이 노숙인 때려 죽였다" 주장」,
<참세상>(2005/01/23).

이라는 보도 자료를 통해 노숙인에 대한 단속을 강화하고 물청소를 수시로 진행해 노숙을 어렵게 만들며, 역사 밖으로 강제 추방할 수 있는 법적 근거를 마련하겠다고 밝혔다.

나의 살던 서울역

십수 년이 지난 지금은 한밤중에 문이 잠겨 있는 서울역 풍경이 익숙해졌지만 옛 풍경은 달랐다. 열차가 다니지 않는 밤이 되면 서울역의 대합실 안에는 홈리스들이 박스집을 짓거나 침낭을 폈다. 거리 홈리스뿐만 아니라 막차를 놓친 사람들, 이른 아침 첫차를 타기 위해 밤부터 기다리는 사람들, 밤중에 갈 곳을 잃고 막막해진 이들도 서울역사에 머물렀다. 언제나 문이 열려 있는 것이 공공 역사의 미덕이었다. 그러나 이 모습은 2011년 이후 실종됐다.

2010년 12월, 서울역에 김포공항과 인천공항으로 가는 공항철도가 개통하며 이용객이 증가하자 2011년 7월, 한국철도공사는 '노숙인 강제 퇴거 방침'•을 발표했다. 밤 11시 이후 노숙

• 이에 대한 비판이 일자 '야간 노숙 행위 금지 조치'로 이름을 변경했으나 내용은 그대로였다.

인에게 퇴거를 안내하고, 오전 1시 30분에서 4시 30분까지 서울역 출입구를 걸어 잠궈 모든 출입객을 차단하며, 4시에서 7시 사이엔 역사 내 노숙인의 출입을 통제하겠다는 내용이었다.

물론 이 조치로 가장 타격을 입은 것은 거리 홈리스였다. 거리 생활은 언제나 나의 상황을 타인에게 노출하는 일인지라 여성, 노인, 아동, 청소년과 같은 약자들이 더 위험할 수밖에 없다. 서울역은 이들에게 그나마 상대적으로 안전한 공간이었다. 철도공사는 홈리스를 역사 안에서만 치워 버리면 된다는 심산이었겠지만 거리 생활자들에겐 흩어지는 것 자체가 생계에 대한 위협이 된다. 모여 있어야 그나마 당장의 먹거리와 일자리부터 복지 서비스의 신청 방법이나 파산 절차와 같은 정보를 얻을 수 있기 때문이다.

홈리스행동을 비롯한 인권 단체들은 8월 1일부터 서울역 광장에 텐트를 치고 농성에 돌입했다. 하지만 농성과 항의에도 강제 퇴거 조치는 철회되지 않았고, 8월 22일 오전 12시 첫 번째 강제 퇴거가 예정돼 있었다.

퇴거를 목전에 둔 8월 21일 저녁, 서울역 광장에서는 '서울역 노숙인과 함께하는 1박2일 문화제'가 열렸다. 서울역 강제 퇴거의 문제점을 함께 이야기하고, 농성을 지지하는 예술인들이 노래를 불렀다. 그리고 1일부터 진행한 농성의 경과와 현재 상황을 공유한 뒤 문화제에 모인 50여 명이 서울역사 내로 향했다.

새벽 1시 반, 열차가 끊기고 천장의 전등이 하나둘 꺼졌다. 모든 이용객들은 밖으로 나가라는 안내 방송이 흘러나왔다. 서울역 부역장과 코레일 직원은 점거자들에게 역 밖으로 나갈 것을 종용했다. 점거자들은 공공 역사에서 사람이 쫓겨나는 현실을 고발한다고, 이 공간은 모두에게 열려 있어야 하기에 오늘밤 서울역에 머무르겠다고 반복해서 이야기했지만 상황은 자꾸 악화됐다. 경고 방송과 채증, 협박이 이어진 끝에 곳곳에서 크고 작은 시비가 일기 시작했다. 이렇게 밤을 보낼 수 있을까, 모두 연행되는 것은 아닐까, 앞으로 어떻게 되는 걸까, 불안한 생각이 이어졌다. 그런데 퇴거하지 않으면 연행하겠다는 경고 방송 너머로 한 활동가가 뜻밖의 노래를 부르기 시작했다.

"나의 살던 고향은, 꽃피는 산골…."

뒤이어 모든 사람들이 함께 노래를 부르기 시작했다. 눈물과 악을 섞은 합창이었다. 집 잃은 사람들이 부르는 고향의 노래가 어두운 역사에 퍼졌다. 그렇게 하룻밤을 보내고 오전 4시 반, 서울역의 문이 열렸다. 점거자들은 다시 광장으로 나왔다.

2011년, 국가인권위원회의 『노숙인 인권 실태 조사』에 따르면 조사에 참여한 응답자 중 31.5퍼센트는 서울역의 야간 노숙 금지 조치 이후 강제 퇴거를 경험했다. 열차를 운행하지 않는 야간 시간뿐만 아니라 주간 시간에도 행색이 남루하거나 오래 앉아 있는 경우 역사 밖으로 내쫓는 강제 퇴거 조치가 강화되었다. 쫓겨난 이들은 "노숙을 하더라도 지붕 있는 곳에서 자고 싶은데 그러지 못하니 불안하다" "나도 대한민국 국민인데 왜 못 들어가게 하느냐" 토로했지만 소용없었다.•

국립국어원 표준국어대사전을 보면 공공성은 "한 개인이나 단체가 아닌 일반 사회 구성원 전체에 두루 관련되는 성질"이라고 정의돼 있다. 공공 역사가 홈리스에게 문을 닫는 일은 개별 홈리스가 아니라 우리 사회 가난한 이들에 대한 배제다. 상업화된 서울역에서 소비력이 없는 시민들은 환영받지 못한다는 신호인 것이다.

서울역은 지금도 야간이면 문을 닫는다. 낮 시간에도 서울역의 특수 경비 용역은 의자에 앉아 꾸벅꾸벅 졸거나 가방을 베고 비스듬히 누운 사람들을 깨워 쫓아낸다. 거리 생활의 가장 큰 스트레스는 사람들의 시선을 가릴 벽 하나 없는 일상 그 자체다. 그래서 홈리스들은 시선이 덜 미치는 사각지대를 찾아내려 안간

• 국가인권위원회, 2011, 『노숙인 인권 실태 조사 : 서울역의 야간 노숙 행위 금지 조치가 노숙인 인권에 미치는 영향』.

힘을 쓴다. 하지만 그런 사각지대마저 사라지고 있다. 이런 퇴거 경험이 누적되면서 이제 서울역엔 아예 들어오지 않는 홈리스들이 적지 않다.

팬데믹과 홈리스

2020년 1월부터 시작된 코로나19의 대유행 이후 거리 생활은 더 팍팍해졌다. 방역 지침의 첫 번째는 '가급적 집에 머물라'는 것이었지만 거리를 집 삼은 사람들이 이를 지킬 방법은 없었다. 감염병을 이유로 강제 퇴거는 더 기승을 부렸다. 2011년 서울역의 야간 강제 퇴거 방침이 강행된 이후 24시간 개방하는 공공 역사는 전국에서 부산역 한 곳뿐이었지만, 2020년 5월부터 부산역마저 야간 폐쇄를 시작했고, 코로나 종식 이후에도 다시 문을 열 계획이 없다는 안내가 덧붙여졌다. 역사 안에서도 퇴거 조치는 끈질기게 이어졌다. 해외 출입국자가 급감하면서 공항철도 이용객이 줄어들자 도심 터미널과 공항철도에 놓인 의자들을 발빠르게 철거한 데 이어 역사 내 의자 곳곳에 앉지 말라는 안내문이 붙었다.

2021년 1월, 서울역 응급대피소*에서 확진자가 발생함에 따라 차별은 더욱 노골적으로 변했다. 서울역 인근 급식 시설을 비롯해 홈리스를 지원하는 기관들을 이용하려면 일주일 안에 받은 코로나19 검사 음성 확인서가 필요했다. 검사 결과가 나오는 데 하루가 걸리니 6일에 한 번씩 검사를 받아야 하는 셈이었다. 코가 헐어 버리는 것은 물론 검사라도 깜빡했다가는 하루 끼니가 사라졌다.

검사를 깜빡하게 되는 데는 이유가 있었다. 티브이 앞에 모여 있는 홈리스들을 내쫓을 요량인지, 처음엔 역사 내 티브이 소리를 죽여 두더니, 다음엔 아예 광고 화면만 나오도록 했다. 그러자 거리 홈리스들은 오늘이 며칠인지, 지금이 몇 시인지 자주 묻기 시작했다. 이들에겐 날짜와 세상 돌아가는 이야기를 들을 수 있는 단 하나의 통로가 사라진 것이었다.

문제는 이렇게 홈리스 개개인을 잡도리하는 일들이 방역에 얼마나 도움이 되는지 알 수 없다는 점이다. 코로나19 초기부터 홈리스 단체들은 거리 홈리스가 머물 수 있는 긴급 숙소를 마련해 달라고 요구했지만 정부는 요지부동이었다. 칸막이조차 없는 응급대피소를 전염병 시기에 운영하는 것은 누가 봐도 감염을 부

• 2011년, 홈리스에 대한 강제 퇴거 조치가 시행된 이후 조성된 곳으로 홈리스들이 동절기에 이용할 수 있는 취침 장소였다.

추기는 일이었는데, 이 공간에서 확진자가 발생하자 이는 다시 홈리스를 향한 낙인이 되어 돌아왔다.

2021년 겨울은 한파와 폭설이 번갈아 찾아와 유난히 혹독했다. 홈리스들은 밤새 노숙으로 꽁꽁 언 몸을 새벽 4시면 문이 열리는 서울역에 들어가 두어 시간 녹이곤 했는데, 그해엔 이마저 금지당했다.

오늘도 서울역은 홈리스가 머물 자리를 구조 조정하고 있다. 이 강제 퇴거는 대개 은밀하게 일어나는데, 홈리스의 짐이 놓여 있던 자리에 "개인 짐 방치 금지"라는 쪽지를 붙여 놓거나, 누군가 하룻밤 자고 간 자리에 "노숙 금지 구역" 같은 종이를 붙여 놓는 식이다. 핸드폰을 충전하던 콘센트를 테이프로 막아 버린다든지, 기대고 있던 자리에 출입금지 안전띠를 붙이는 것만으로도 서울역은 홈리스에게 "당신은 이곳에 적절하지 않다"는 신호를 보낼 수 있다. 이런 변화는 오가는 사람들에게는 눈에 띄지 않지만, 이곳에 오랫동안 머물 수밖에 없는 사람들에게는 반복해서 쫓겨나는 느낌을 준다. 서울역을 스쳐 가는 이들의 눈에는 보이지 않는 퇴거는 살 곳 없고 갈 곳 없는 시민들만을 표적 삼아 오늘도 계속된다.

서울역을 등지고 왼쪽으로 시선을 돌리면 고가도로가 보인다. 서울로7017이다. 1970년에 만들어진 고가도로가 2017년, 사람길이 되었다는 뜻을 담아 지은 이름이라고 한다. 당시 박원순 서울시장은 정밀 안전 진단에서 수명이 다해 붕괴 위험을 경고 받은 서울역 고가도로를 철거하는 대신 보행자가 다닐 수 있는 공원으로 만들기로 했다.

하지만 '사람길'의 사람이 모든 사람을 지칭한 것은 아니었다. 서울시는 서울로 개장을 앞두고 "서울로7017 이용 및 관리에 관한 조례안"을 만들었다. 그중 조례 13조는 서울로에서 금지하는 행위로 "음주, 흡연, 눕는 행위 등"을 규정하고 있었다. 다른 공원들의 이용 방침이나 조례에서는 잘 등장하지 않는 '눕는 행위'가 명시된 것은 아무래도 서울역 홈리스를 염두에 둔 것이 분명했다. '눕는 행위'를 누가 하느냐에 따라 처벌 여부가 달라진다는 점은 서울시가 개최한 서울로7017 개장 행사를 통해 명확해졌다. 서울시는 해먹과 빈백, 접이식 침대를 서울로에 설치하고 직장인을 위한 '낮잠의 여유' 행사를 진행했다. 직장인의 눕는 행위는 금지하지 않은 것이다.

'눕는 행위' 금지 조항은 조례 제정 과정에서 홈리스 인권 단체들의 항의 끝에 삭제됐다. 하지만 "소음 또는 악취가 나게

하는 등 다른 사람에게 혐오감을 주는 행위"를 금지한다는 내용
은 유지됐다. 씻을 곳이 없어 냄새와 함께 살 수밖에 없는 사람
들이 언제든 공원 밖으로 쫓겨날 수 있는 근거가 남은 셈이다.

눕는 사람, 냄새나는 사람을 환영하지 않는 고가도로 대신
홈리스들에게 친절한 다리가 하나 있었다. 서울역 서부와 옛 서
울역을 잇던 구름다리다. 서부역을 가려면 염천교까지 돌아가야
했지만 구름다리는 이를 단축해 줬다. 2004년에 새 역사가 생긴
후 서울역으로 들어가는 통로가 다양해지고 서부역으로도 곧장
갈 수 있게 되자 구름다리는 사람들의 기억 속에서 서서히 사라
져 갔다. 그리고 그 덕에 그곳은 홈리스들의 피난처가 될 수 있었
다. 텐트 몇 동과 매일 같은 자리에서 잠을 청하는 사람들이 구름
다리 위에 있었다.

보수 일간지와 몇몇 언론은 "노숙자 술판"과 같은 자극적인
제목•으로 철거를 촉구했지만, 이곳에서 매일을 보내는 사람들
에 대한 대책을 고민하지는 않았다. 2013년 육교가 철거되면서
이들의 잠자리도 사라졌다. 홈리스행동은 구름다리 철거에 부쳐
다음과 같은 성명을 발표했다.

• 「'노숙자 술판' 된 옛 서울역 육교, 36년 만에 없앤다」,
『조선일보』(2013/10/31).

홈리스들의 생활 터전 상실은 단지 물리적 공간의 박탈만을 뜻하는 것은 아니다. 인도 육교라는 공간에 아로새겨진 노숙 첫날 밤의 기억, 맨 처음 무료 급식을 먹었던 기억, 난생처음 죽은 사람을 봤던 기억, 난간에서 뛰어내리는 노숙 동료의 발끝을 잡았지만 그대로 미끄러졌던 기억, 거리 홈리스들이 쓴 "인내", "은혜와 사랑" 따위의 낙서…이런 노숙의 기록과 기억이 사라진 것 또한 엄청난 상실이다. 우리 사회의 과오와 연대의 상실을 직면할 수 있는 증거가 사라지는 것이기 때문이다.•

길을 찾는 사람, 정계훈

1965년생 정계훈. 서울역 인근 텐트에 살고 있는 그에게도 한때 집이 있었다. 삼형제 중 둘째로 태어나 똑똑한 형과 동생을 돕기 위해 가장 먼저 취업 전선에 뛰어들었다. 여수국가산업단지에서 섬유 노동자로 일하며 '수출 역군'으로 살았다. 1990년대에는 노동조합을 만들고 8시간 노동을 요구하며 수년간 싸웠다. 노동조합 쟁의 부장을 맡았던 그 시절이 그에겐 가장 빛나는 시간이었다.

• 홈리스행동, 「서울역 구름다리 철거, 다리는 철거해도 홈리스는 철거될 수 없다」(2013/11/06).

섬유산업의 쇠퇴와 함께 그의 삶도 내리막을 걸었다. 폐업하는 공장으로부터 방직 기계를 사서 직접 공장을 차렸다. 얼마 지나지 않아 모든 물량이 중국으로 넘어갔고 IMF를 겪었다. 노점상으로, 일용직으로 안 해본 일 없이 떠돌았지만 큰 빚을 갚을 도리가 없었다. 지긋지긋한 대부·추심 업체가 그를 따라다녔다. 자신의 빚 때문에 가족이 고통받는 것을 보고 이혼을 선택했다. 죽든 살든 혼자 해보자, 길을 만들자, 그런 결심으로 집을 떠났지만 10년이 넘도록 그 길은 보이지 않았다.

거리 생활에서 그를 가장 괴롭게 한 것은 한 무리의 젊은이들이었다. 서너 명이 한패가 되어 처음에는 물총을 쏘고 그다음에는 돌을 던지더니 나중에는 텐트를 망가뜨리고 발길질에 주먹질까지 했다. 주말 새벽녘에만 찾아오던 불청객들은 점점 주중 저녁 시간까지도 찾아오곤 했고, 수법도 갈수록 대담해졌다. 처음엔 경찰에 신고도 해봤다. 하지만 그들을 찾을 수 없을 거라는 이야기만 듣고 이내 신고도 포기하고 말았다.

자존심 강하고 농담 잘하는 계훈 아저씨는 별일 아니라고, 이제 익숙해졌다고 웃으며 말했지만 사람에겐 결코 무뎌지지 않는 마음이 있다. 아저씨를 때리는 무뢰배들이 오갈 때마다 그의 눈 깊은 곳에 자리한 불빛이 점점 희미해져 가는 것 같았다.

어느 날 아저씨는 그들에게 물었다. 도대체 왜 이렇게까지

하느냐고. 그들은 당신이 노숙하는 게 싫다고 말했다. 나라고 하고 싶어서 노숙을 하겠느냐고 응대한 아저씨에게 그들은 다시 비웃으며 답했다. "차라리 죽어라." 아저씨는 이번엔 "죽는 것은 마음대로 되더냐" 윽박질러 보았지만 그 순간 마음 한구석이 또 조금 무너져 내렸다고 한다. 나는 뭘 위해 살고 있단 말인가.

언제부터 이렇게 된 걸까. 의젓하고 똑똑하기만 하던 큰형이 젊은 나이에 세상을 떠난 때였을까. 그 슬픔에 부모님이 말수가 줄어들던 때부터였을까. 국가 기간산업이라던 일자리가 세계화 시대라고 사라졌을 때였나. 외환위기가 닥치며 서랍 속 어음이 휴지조각이 되고 줄도산으로 무너지던 기업들의 가장 앞자리에 섰을 때였나.

생각해 보면 밤낮없이 나타나 주먹을 휘두르는 놈들만이 아니었다. 한밤중 귓가에 소리를 질러 대던 취객, 허름한 차림에 꽂히던 야박한 시선, 제 돈 주고 사는 담배 한 갑도 곱게 건네지 않던 손길, 서울역 경비의 나가라는 손짓도 날아드는 주먹과 별반 다르지 않았다.

긴긴 밤

매년 동짓날 서울역 광장에서는 거리와 쪽방에서 죽어 간 이들을 기리는 '홈리스 추모제'가 열린다. 밤이 가장 긴 동짓날이 홈리스의 처지와 닮았다 해서 정해진 날이다. 홈리스들은 추모제에 놓인 위패 사이에서 한 해 동안 세상을 떠난 동료들의 이름을 찾는다. 결국 떠났구나 한탄하고, 늦은 기도를 올리고, 언젠가 내 이름도 저기 적히겠지 하는 상념을 나눈다. 가족이 없거나, 가족이 있어도 시신 수습을 거부해 '무연고 사망' 처리되는 이들은 마땅히 장례를 치르지 못하고 바로 화장장으로 향한다. 그 뒤에는 추모의 시간도 갖지 못한 이웃과 지인, 경제적인 이유로 시신 인수를 포기한 가족들의 슬픔이 남는다.

계훈 아저씨도 죽었다. 2022년 홈리스 추모제 다음날인 12월 23일이었다. 혹한 속에 한뎃잠을 잔 아저씨는 아침에 잠시 일어났다가, 지친 듯이 다시 쓰러져 잠들었다고 한다. 그리고 이내 세상을 떠났다. 아저씨가 떠나기 일주일 전, 나는 그에게 새해 소망을 물었다. 새해엔 꼭 죽었으면 좋겠다던 그는 소망을 이룬 것일까 잃은 것일까. 거리의 겨울은 언제나 봄을 기약할 수 없다.

이들이 사라지듯이 가난한 이들의 살 자리도 매일 사라진다. 오늘도 서울역에는 홈리스를 내쫓기 위한 시설물들이 촘촘하다. 의자 위에 쓸모없이 달린 손잡이, 기둥 아래 놓인 문어발 같은 받침대, 억지스럽게 장식된 화단 같은 것들이 그렇다. 광장과 역 곳곳에서 시시때때로 이루어지는 물청소는 청결을 위한 것이라

기보다는 이곳에 머무는 사람들을 퇴거시키기 위한 것이다. 자신들이 이용하기 불편하도록 끊임없이 '개선'되는 시설로부터 받는 조용한 거절. 이렇게 마땅히 갈 곳 없는 사람들은 오늘도 거절당하고 있다.

서울로7017의 기점 만리동 광장에 있는 평상. 2020년.

'서울역 노숙인과 함께하는 1박2일 문화제'에서 한 홈리스가
"여기에 있고 싶다"라는 글씨를 써달라고 부탁했다. 2011년 8월 21일.

노숙인으로 살아
가는데 애로 사항이 많이
있다 다는 외로움에 지쳐
먹지 말아야 하는 술에 취
잠을 이룩른 한다

빈곤철폐의 날, 한 홈리스가 남긴 쪽지. 2015년 10월 17일.

동짓날 열린 홈리스 추모제. 2017년 12월 22일.

청계천 비우당교 인근에 남은 청계고가도로 교각.
2020년.

청계천

가난을 걷어 낸 자리

한강이 서울을 동서로 관통한다면 도심엔 청계천이 흐른다. 서울의 중심 세종로에서 출발하는 물줄기는 종로와 동대문을 거쳐 성동구에서 흐름을 바꿔 한강으로 나선다.

청계천의 모습은 흐르는 물길에서 도로로 덮인 복개천으로, 그리고 다시 복원된 천의 모습으로 크게 두 번 바뀌었다. 현재의 서울 도심, 옛 한양이 조선의 수도가 되었을 때 청계천의 이름은 '개천'開川이었다. 모래 하천인 자연 상태로는 수시로 범람했기 때문에 조선은 축대를 세우고 바닥을 파 물길을 넓혔다. 그렇게 열린 천으로 청계천은 600년을 흘렀다.

당시에도 이곳은 가난한 이들의 터전이었다. 물길을 넓힐 때 퍼낸 흙이 쌓여 있던 오간수문 근처에는 범죄자나 거지들이 모여 살았다. 사람들은 이들을 '땅꾼'이라 부르고, 포도청에서는 이들이 먹고살 수 있도록 뱀잡이 독점권을 주었다. 개천변 버드나무 가지를 이용해 가재도구를 만들어 파는 사람은 '고리백정'이라 불렸다. 청계천 인근에 형성된 시전과 난전에서 서민들은 생계를 꾸려 나갔다.*

한일합병조약이 체결되고 1914년, 개천의 이름은 '청계천'이 되었다. 하지만 맑은 계곡이라는 이름과 달리 도시화가 진행될수록 청계천은 점점 더 더러워졌다. 그 때문인지 서울의 인구가 증가할 때마다 가장 가난한 사람들은 이곳으로 몰려들었다. 청계천 다리 밑에는 갈 곳 없는 사람들이 모여 살았고, 제방 위엔 토막집이 있었다. 한국전쟁 이후 서울로 모여든 월남인, 이농인은 청계천에 판잣집을 지었다.

판자촌 사람들

판자촌에는 시시때때로 하천이 범람하고 강물에서는 오물이 솟구쳤다. 60~70명이 화장실 하나를 사용해 아침이면 그 앞으로 긴 줄이 생겼다. 정부는 이곳의 집들을 '불량 주택'이라 불렀지만, 여기에도 사람이 살며 마을을 일구었다. 1969년 청계천변 마장동 판자촌에 살며 주민들의 생활 조사에 참여한 인류학자 최협의 『판자촌 일기』는 판자촌 생활의 어려움을 소상히 보여 준다.

『판자촌 일기』속 마장동·숭인동 주민들은 서로 사정을 잘

· 「청계천변 토굴민이 땅꾼의 원조」, 『아시아경제』
(2013/03/29).

알기에 가족보다 나은 이웃사촌이기도 했다. 숭인동 판자촌 주민들은 아픈 이웃이 있으면 너나 할 것 없이 방문을 열고 약이며 식사를 챙겨 줬다. 마장동 판자촌에서는 화재로 이재민이 발생하자 그들이 살 수 있는 공간을 마련해 주자고 반장이 나서서 주민을 설득하기도 한다.• 이렇게 주민을 돕던 반장의 집에도 화재가 발생하고, 뒤이어 장인상까지 치르게 되자 마을 주민들은 그를 위해 모금에 나선다. 모금을 전해 받은 반장은 이렇게 말한다.

나는 쌀가게를 하는 동생이 있지만 그에게 가서 사정하기는 싫소. 차라리 우리 동리 이웃들에게 부탁하는 것이 마음이 편해. 가난한 사람은 가난한 속을 알아 이해를 잘하지.••

당시 신문 기사를 통해 보더라도 판자촌 화재 사건은 무척 빈번했던 것 같다. 잦은 화재는 판잣집의 형태가 불에 취약하기 때문만은 아니었다. 1967년 10월 숭인동 판자촌에서 일어난 화재 사건•••은 한 판잣집에 세 들어 살던 가족이 켜둔 촛불에서 시

• 최협, 2012, 『판자촌 일기: 청계천 40년 전』, 눈빛, 111, 58쪽.
•• 같은 책, 79쪽.
••• 「화마에 찢긴 맞벌이 생계 가랑잎에 불붙듯」, 『조선

작됐는데, 이는 주인집이 전기세를 못 내 단전된 상태였기 때문이었다. 세를 놓은 이나 세 들어 사는 이나 경제적으로 어렵긴 마찬가지였던 것이다. 불은 순식간에 퍼져 숭인동 18통統을 불태웠다. 이날 함께 화재를 당한 다른 주민은 이틀 전 판잣집을 철거당해 상계동으로 쫓겨났다가 다시 숭인동에 돌아온 참이었는데, 다시 집을 지으면 쓰려고 모아 둔 세간살이가 모두 불타 버리고 말았다. 깊이 잠든 세 살 난 딸을 방에 두고 잠금쇠를 건 채 머리카락 행상을 나갔던 부부는 까맣게 탄 딸을 보고 울부짖었다. 세간살이를 건져 보려고 정신없이 뛰어다니는 사이 태어난 지 2개월 된 아이는 엄마 등에서 숨이 막혀 죽었다.

당시 판자촌을 일소하려던 정부는 철거에 단전을 활용하기도 했다. 1974년 11월, 서울시는 동자동 판자촌을 1월에 철거하기 앞서 단전 조치를 내렸다. 이로 인해 전기 대신 주민들이 사용하던 촛불과 연탄난로에서 불이 나 집 30여 채가 전소하고 100여 가구, 400여 명의 이재민이 발생했으며, 한 명이 목숨을 잃었다.•

일보」(1967/10/29).
• 「서울 동자동 판자집 30동 태워」, 『경향신문』 (1974/11/30).

이렇게 화재와 철거 위협은 고단한 삶을 더 위태롭게 했지만 판자촌은 고향을 떠나 상경한 가난한 사람들에게 도시에 적응할 수 있는 질서와 관계를 제공한 곳이기도 했다. 새 삶을 찾아온 만큼 가난의 절망만이 아니라 새로운 희망도 넘실거렸을 것이다.

서울시는 청계천을 덮어 차량 통행로를 조성함으로써 교통 체증을 해소하고 오염된 청계천 때문에 생기는 문제들을 완화한다는 명목으로 청계천 복개 공사를 진행 중이었다. 상류부터 시작된 복개는 1977년, 청계8가에서 신탑철교 구간을 복개하며 마무리되었고, 이로써 청계천 판자촌은 완전히 사라졌다.

판잣집을 걷어 낸 자리엔 청계로와 신식 건물, 청계고가도로가 들어섰다. 김포공항에 도착한 외국인 손님이 워커힐 호텔로 곧장 달려갈 수 있도록 만들어진 청계고가도로(개통 당시의 이름은 삼일고가도로)와 그 옆에 들어선 삼일시민아파트는 황학동에 넓게 운집한 판자촌을 가리기 위한 것이었다고도 한다. 청계천을 빼곡히 메우고 있던 가난한 사람들이 이 도시의 성장에 힘을 보탰지만 근대화된 도시는 이들의 자리를 빼앗았고, 쫓겨난 판자촌 사람들은 봉천동, 신림동, 난곡동 등지로 뿔뿔이 흩어져 '달동네 사람'이 되었다.

청계천 복개 공사와 함께 판자촌을 철거한 자리에는 평화시장과 동대문종합시장, 세운상가 등 대형 상가들이 들어서기 시작했다. 청계천 인근에는 방산시장과 중부상가, 황학동 도깨비시장, 광장 시장 등 여러 시장이 있었고 청계고가도로 아래에도 노점들이 생 겨났다. 복개 공사로 빈민을 몰아낸 자리를 비집고 다시 빈민들 이 모여든 셈이다.

　　정부는 1986년 아시안게임과 1988년 서울올림픽을 앞두고 대대적인 노점 단속에 나섰다. 이에 반발한 노점상들은 1986년 '도시노점상복지연합회'를 결성하고, 폭력적인 단속에 맞선 투 쟁을 시작했다. 이는 1987년 '도시노점상연합회'로 이름을 정하 고, 민주화 운동의 일원으로 조직력과 의식성을 키워 갔다.

　　올림픽이 우리의 생존권을 짓밟고 외국인의 눈요기 때문에 우 리가 쓰레기 취급을 당한다면 우리는 힘없는 사람들이지만 앞 장서서 죽을 똥 싸면서라도 올림픽을 반대합시다.•

•　김기현, 1988, 「올림픽과 노점상」, 『월간말』(7월호).

1988년 6월 13일 성균관대 금잔디광장에 모인 노점상들은 노태우 정부의 노점 단속 정책에 맞서 싸웠다. 그리고 마침내 8월 서울시와 국무총리로부터 노점 단속 중단 선언을 얻어 냈다. 민주적 노점상 조직이 만들어 낸 첫 승리였다.•

　　그러나 지금도 국제 행사가 열릴 때마다 이루어지는 노점 단속은 시간을 비껴간 듯 1980년대와 꼭 닮아 있다. 2002년 월드컵을 앞두고도 마찬가지였다. 건설 일용직으로 일하던 박봉규 씨는 외환 위기로 일자리를 잃고 1997년부터 청계천3가에서 공구 노점상을 하기 시작했다. 월드컵을 계기로 단속이 강화되며 그는 2002년 8월 한 달 동안 세 번이나 단속을 당했다. 하루 매출이 2, 3만 원에 불과했던 그가 구청에 빼앗긴 물건을 되찾으려면 벌금 5만 원을 내야 했고 운반비용도 2만5000원이 들었다. 단속을 당할 때마다 용역 깡패로부터 받는 모욕과 멸시는 더욱 치명적이었다. 결국 박봉규는 8월 22일, 중구청장실 앞에서 몸에 시너를 끼얹고 분신했다. 오랜 울분의 끝이었다. 이명박 서울시장 앞으로 보낸 그의 유서에는 "서민의 삶의 질을 개선하기 위해 노력하겠다던 공약을 지켜라"라고 쓰여 있었다.••

　　• 　최인기, 2012, 『가난의 시대』, 동녘, 108쪽.
　　•• 　김훈, 「분신 노점상의 '유서'」, 『매일노동뉴스』

박경리를 비롯한 문인들의 생태주의적 발상에서 나온 청계천 복원안은 2002년, 이를 공약으로 내세운 이명박이 서울시장에 당선되며 급물살을 타기 시작했다.* 가장 먼저 대두된 문제는 청계천 인근 상인과 노점상에 대한 대책 마련이었다.

서울시는 노점상은 불법이기 때문에 철거한다는 강경 대응으로만 일관했다. 결국 2003년 11월 30일, 청계천 고가도로 철거를 막기 위해 운집한 수백 명의 노점상과 3000명의 철거 용역이 맞붙었다. 당시 철거에 서울시는 250여 명의 홈리스를 일용직으로 동원했는데,** 빈민활동가 최인기는 그날을 일평생 본 가장

(2002/08/26).

* 생태적 아이디어에서 시작된 청계천 복원안이 정치적 이슈가 되면서 어떻게 변질돼 갔는지에 대해서는 김상철, 「'순진한' 박경리와 '영악한' 이명박」, <미디어스>(2014/06/18)를 참조할 것. 나중에 박경리는 이명박식 청계천 개발을 비판하며 「청계천, 복원 아닌 개발이었나!」(『동아일보』 2009/10/05)라는 제목의 사설을 통해 "발등을 찧고 싶을" 만큼 "후회와 분노"를 느낀다고 말했다.

** 서울시로부터 용역을 의뢰받은 업체들은 29일 밤부터 '일당 6만 원을 제공하겠다'는 공고를 서울역 인근에 부착, 노숙자들을 상대로 철거반 모집에 나섰다. 용역 업체 측은 철거 작업이 시작되기 직전 버스 대여섯 대를 동원, 이들을 서울역에서 철거 현장까지 이동시켰다. 노숙자들은 "노점상도 처지가 어렵지만 일당이 아쉬워서 나왔다"고

가슴 아픈 장면으로 기억한다. 용역 업체는 다치거나 죽는다 한들 뒷말 없을 이들로 거리 홈리스를 선택한 것이었다. 무척 추웠던 그날, 안전 대책이나 보험도 없이 투입됐을 홈리스들이 마구잡이로 노점상을 공격했다. 당시 이명박 서울시장은 다산교 근처 삼호호텔 2층 커피숍에서 이 장면을 내려다보았다고 한다.•

전국노점상연합은 동대문 축구장에 입주해 '동대문 풍물 벼룩시장'을 만드는 데 합의했다. 그러나 청계천을 메우고 있던 노점상 2000여 명 가운데 동대문운동장에 들어간 사람은 950여 명뿐이었다.

상인들 또한 상황은 마찬가지였다. 청계천 3~4가에 운집해 있던 상인들은 2002년 청계천 상권수호 대책위원회를 구성하고 행동에 나섰다. 2003년 서울시는 송파구 문정동에 이주할 상가를 조성하겠다고 제안했고, 상인들은 이에 합의했다. 서울시는 원만하게 합의가 이루어졌다고 선전했으나 상인들의 불안과 염려는 잠식되지 않았다. 합의서 없는 구두 약속에 불과했기 때문이다.•• 상인들로서는 당연히 내키지 않는 일이었으나 청계천 복

겸연쩍게 말했다. 「청계천 노점 철거 노숙자 동원 물의」, 『한국일보』(2003/12/01).
• 최인기, 「청계천 복원 공사와 노점상 이야기」, <민 플러스>(2019/10/02).

원을 찬성하는 여론이 압도적이었던데다, 이명박 시장의 불도저 같은 사업 방식과 권력 앞에 뾰족한 대안을 만들기 어려웠다.

청계천 복원이 완료되고 5년 여가 지난 2010년, 청계천 상인들이 이주할 가든파이브가 개장했다. 청계천 상인 6만여 명 중 가든파이브로 입주를 신청한 사람은 2005년 당시 6097명에 불과했고, 그중에서도 2010년 실제 계약을 한 사람들은 1028명에 그쳤다.• 2003년 당시 서울시가 약속한 분양가는 7000~8000만 원이었으나 실제 분양 당시 이는 1억5000만 원에 이르렀기 때문이다. 상권이 전혀 조성돼 있지 않은 문정동에 생긴 가든파이브는 유령 건물이 되었고, 입주한 상인들도 임대료를 감당하지 못하고 하나둘씩 떠나갔다.••

가든파이브로 이동하지 않고 다시 청계천 인근에 자리를 잡

•• 상인들과의 협상에서 서울시가 내세운 원칙은 '영업 손실 보상 등은 없다'는 것과 '문서 계약 없이 오직 구두로 한다'는 것이었다. 이는 기업과 달리 정부 정책은 협상의 대상이 아니라는 이명박의 지론을 따른 것이었다. 전상봉, 「청계 상인 이주 잔혹사, 이런 복마전은 없다」, <오마이뉴스>(2015/11/10).
• 심희정, 「가든파이브 이주 청계천 상인들 '절망'」, 『국민일보』(2015/09/30).
•• 청계천 재개장 10주년이 되던 2015년, 가든파이브에 남은 청계천 출신 상인은 100명뿐이었다.

은 사람들 역시 어려움에 처한 것은 마찬가지다. 복원 공사로 상권이 해체됐기 때문이다. "복원 이전에는 공구나 특수한 물건을 필요로 하는 사람들, 골동품을 찾는 고정 단골들로 붐볐는데" 복원 이후 청계천을 찾는 이들은 "뜨내기 관광객뿐"이었다.· 동대문운동장에 갇혔던 노점상은 오세훈 서울시장이 동대문디자인플라자를 만들며 다시 쫓겨나 신설동 풍물시장과 곳곳으로 흩어졌다.··

서울시를 믿었든 믿지 않았든 이제 상인들은 청계천 개발의 책임을 물을 곳조차 없다. 개발의 가장 큰 '난관'으로 간주된 상인들을 해산시킨 뒤 '상인대책팀'이 해체됐기 때문이다. 더 이상 담당자가 없다는 말로 모든 책임을 회피할 수 있게 된 서울시는 쫓겨난 이들의 냉가슴을 더욱 얼어붙게 했다.

청계천 복원 10년이 되던 2015년 10월 1일, 서울시가 주최한 화려한 기념 행사장 바깥에서는 쫓겨난 상인들과 노점상들의 기자회견이 열렸다. 추적추적 내리는 비를 맞으며 선 이들의 손에는 이렇게 쓴 현수막이 들려 있었다. "청계천에는 이곳에서 버려진 사람들의 피눈물이 흐르고 있다."

· 심희정, 같은 글.
·· 이들이 쫓겨나는 과정에 대해서는 이 책 열두 번째 산책 동대문 편을 참고할 것.

이제 청계천을 걸어 보면 이곳에 가난한 이들이 부빌 자리는 없어 보인다. 그러나 화려한 건물들 사이에 숨은 고시원들과 여인숙들에는 여전히 가난한 이들이 몸을 누인다. 수표교 앞에 있던 국일고시원도 그중 하나였다.

2018년 11월 9일 오전 5시. 이곳에 살던 7명이 화재로 죽고 11명이 다쳤다. 불이 시작된 곳은 출입구 바로 앞에 있는 301호였다. 발치에 켜둔 전열 기구에서 시작된 불은 방 주인이 잠든 사이 순식간에 번졌다. 소화기도 없었고, 화재 경보음도 작동하지 않았다. 사람들은 창문 밖으로 뛰어내리거나 에어컨 배관을 타고 탈출했다. 국일고시원에는 창문을 따라 난 방들과, 그 방들을 마주보고 가운데 위치한 방들이 있었다. 문을 닫으면 햇빛 한 줄기 들어오지 않아 '먹방'이라고 부르는 이 방들에 피해가 집중됐다. 창문이 있는 방은 한 달 32만 원, 없는 방은 28만 원이었다. 4만 원의 대가가 생명이었던 셈이다.

이곳에 살던 사람들은 비정규직이나 일용직 노동자, 기초생활수급자 등 종로의 장삼이사들이었다. 이례적인 사고도 아니었다. 소방청의 「다중이용업소 화재 발생 현황」에 따르면 2018년부터 2020년까지 발생한 다중이용업소 화재 사건 총 1188건 가운데 고시원은 58건, 65건, 38건으로 9.5퍼센트를 차지한다. 가

연성 높은 패널로 벽을 만든 방들과 통로가 좁은 구조 때문에 고시원 화재는 대형 사고로 이어질 수밖에 없었다.

고시원은 법규상 다중생활시설로 주택이 아니다. 이 같은 이른바 '비주택'에 거주하는 가구의 수는 2005년 7만667가구에서 2015년 39만3792가구로 급증했다. 그사이 가장 많이 늘어난 주택 형태는 물론 아파트다. 더 비싸고 화려한 집들이 도시를 채워 갈수록 가난한 이들의 거처는 빌라에서 다세대주택, 그리고 반지하나 옥탑, 고시원으로 열악해져 갔다.

이런 시설들은 주택이 아니기에 부엌이나 화장실도 제대로 갖출 필요가 없다. 정부나 지자체는 원래 집으로 허가가 난 공간이 아니라 규제할 근거가 없다고 말하지만, 전국 15만 가구 이상이 고시원에서 살고 있다.* 수도권 고시원 세입자들의 평균 월세는 33만4000원으로, 이는 이들이 버는 한 달 평균수입의 30퍼센트에 달한다.

---

* 한국도시연구소, 2018, 「주택 이외의 거처 주거 실태 조사」.

2018년 12월 20일, 국일고시원 앞에서 희생자들을 추모하는 사십구재가 열렸다. 추모제를 제안한 것은 화재 생존자들이었다. 한 고시원에 살아도 대부분 통성명조차 없이 지냈지만 생사의 시간을 함께 겪지 않았나. 먼저 떠난 이들에게 기도 한번 올리지 못한 것이 마음에 응어리가 되었다고 했다.

아침에 모여 천막으로 작은 분향소를 세우고 돌아가신 분들의 위패를 모셨다. 상주는 생존자들이 대신했다. 서울이 꼴도 보기 싫어 멀리 이사를 간 사람도 있었고, 하루 일당을 포기하고 온 사람도 있었다. 그래도 '사람이 어떻게 그렇게 사나' 하는 마음에 만사를 제치고 한자리에 모인 것이었다. 막 사온 국화조차 순식간에 얼어 바스러지는 날이었다.

저녁 7시에 열린 추모문화제에는 평범한 시민들도 찾아왔다. 넓지 않은 공간에 꽤 많은 사람들이 모였다. 사십구재를 제안했던 주민들도, 낯선 사람들이 건네는 추모에 위로를 받았다. 생존자 이 씨는 마이크를 잡고 말하는 게 영 쑥스럽다면서 작은 종이에 조사를 적어 건넸다.

(사십구재를 해주고 싶다는) 우리의 소망이 여러 단체들의 도움으로 이루어졌습니다. 그대 가는 길이 비록 이지러진 길일지라

도 두 손 모아 후회 없이 가소서.

국일고시원 화재가 일어난 날 오후 현장에는 그을음 냄새가 가득
했다. 한 유력 정치인이 플래시 세례를 받으며 등장하자 바삐 움
직이던 소방관들은 현장 브리핑을 시작했다. "고시원이 애초 목
적처럼 고시 공부를 하는 곳이 아니다" "실제로는 가난한 사람들
의 생활 거처가 되고 있다" "그래서 희생자는 대부분 50대 남성
이다" 등의 내용으로 이루어진 브리핑이 끝나자 정치인은 심각
한 표정으로 물었다.

　"그래서 학생들은 안전한가요?"

　이것이 바로 엇박자 정책들이 그토록 반복되는 이유인 걸까.
LH와 SH는 피해 생존자들에게 매입 임대주택을 제공하겠다고
발표했지만 서울 변두리에 위치한데다 6개월만 살 수 있다는 조
건이었다. 건설 일용직에 종사하던 생존자들은 종로 일대를 떠날
수 없었다. 매입 임대주택에 들어가려면 냉장고니 세탁기 같은 기
본적인 가사 용품을 장만해야 할 텐데, 6개월을 살겠다고 세간살
이를 마련할 능력은 없어 대부분 입주를 포기했다.

　서울시는 화재 4개월 만에 「노후 고시원 거주자 주거 안정

종합 대책」을 수립했다고 발표했지만 내용은 비어 있었다. 구체적인 이행 계획을 묻자 "언론 보도부터 하고 나중에 정책을 수립하는 역순을 취했다"는 어처구니없는 답변이 돌아왔다. 국토교통부는 화재가 발생한 지 2년이 지난 2020년이 되어서야 '다중생활시설 건축 기준'에 "지방자치단체장은…최소실면적, 창 설치 등의 기준을 정하여 권장할 수 있다"는 내용을 추가했다. 모두 별 소용없는 대책들이었다.

화재가 나기 전인 2015년, 국일고시원을 운영하던 구 씨는 '노후 고시원 간이 스프링클러 설치 사업'을 신청해 선정된 상태였다. 서울시가 설치비를 지원하는 이 사업을 통해 스프링클러가 설치됐다면 피해를 줄일 수 있었을 것이다. 하지만 건물주가 사업 진행에 동의하지 않았다. 이유는 정확히 알 수 없지만, 정부의 지원을 받으면 귀찮은 일이 생길까 우려했기 때문일 것이다. 이런 이유로 건물주들이 오히려 지원을 거절하는 경우는 적지 않다. 건물을 공동 소유한 하 씨와 그의 오빠 한국백신 회장은 화재 직후 도의적인 책임을 지겠다고 했지만, 피해자와 유가족들은 아무런 소식도 듣지 못했다. 고시원 원장 구 씨는 2020년 7월 업무상과실치사상죄로 기소되어 2021년 10월, 금고 1년 6개월형을 선고받았으나 건물주는 아무런 처벌도 받지 않았다.

국일고시원 근처에 위치한 수표교 다음 다리는 관수교다. 청계천 3가 관수교 인근엔 주물 공장과 목형업체, 금형 정밀 가공업체들이 모여 있었다. 이곳은 이제 사라지고 힐스테이트세운센트럴 아파트가 들어섰다. 2020년 8월 당시 이 아파트의 청약 경쟁률은 14대 1. 모델하우스는 코로나19 와중에도 성업 중이었다. 상담을 맡은 직원은 50년간 상업 지구였던 공간에 세워지는 주거 공간이라 희소성이 크고, 임대 사업을 한다면 공실률이 무척 낮을 것이라 투자가치가 높다고 했다. 20평 남짓한 집의 분양가는 8~9억 원. 직원의 설명에 따르면 힐스테이트세운은 아파트와 도시형 생활 주택, 즉 오피스텔이 혼합된 공동주택이었다. 오피스텔의 경우 분양가의 40퍼센트는 대출로 해결이 가능하고, 2022년 마지막 중도금을 낼 때는 전세가가 현재 분양가와 맞먹을 테니 10퍼센트의 계약금만 있다면 사지 않을 이유가 없다고 했다.

"아직은 주변이 좀 지저분하지만 곧 정리돼서 살기 좋아질 거예요."

그의 말은 장사꾼의 홍보 멘트라 할지라도 틀린 구석은 없어 보였다.

국일고시원이 있던 건물 바로 맞은편에는 2019년 '전태일 기념관'이 문을 열었다. 1960년대 전태일이 걷던 청계천에는 오늘도 그의 이웃들이 살고 사라진다. 국일고시원 생존자들 중에는 화마의 상처를 안고 서울을 떠난 이들도 있지만, 서울의 또 다른 고시원을 찾아 살고 있는 이도 있다. 잠들 때마다 불안한 마음이 든다지만 딱히 대안은 없었다. 청계천을 채우고 있던 가난은 이제 각자의 방안으로 흩어졌다.

2022년 4월에도 영등포 고시원에서 화재가 났다. 스프링클러가 작동했지만 물은 불을 진압할 만큼 뿌려지지 않았다. 거동이 불편해 나올 수 없던 두 사람이 숨졌다. 화재 현장 앞의 현황판에는 호별로 살고 있던 사람들의 인적 사항과 함께 생존자들의 탈출 경로가 적혀 있었다. 경로는 모두 '자력 대피' 한 가지였다.

세운상가 일대가 재개발을 시작하면서 청계천 일대는 또 한 번의 변화를 겪고 있다. 지금대로라면 이 변화는 판잣집과 달동네가 없어졌듯이 고시원과 가난한 이들의 삶의 터전을 없애는 것으로 귀결될 것 같다. 어쩌면 우리의 문제는 가난이 아니라 풍요가 아닐까. 오토바이 소음과 땀 냄새, 작고 구불구불한 골목과 영세한 공장들이 사라지고 높은 빌딩들로 채워진 공간을 '깔끔해졌다'고 여길 수 있는 순진함, '전세 두 번만 돌리면 원금을 상환할 수 있다'는 계산. 우리 모두가 공유한 풍요에 대한 욕망이 여기 깃들어 있다.

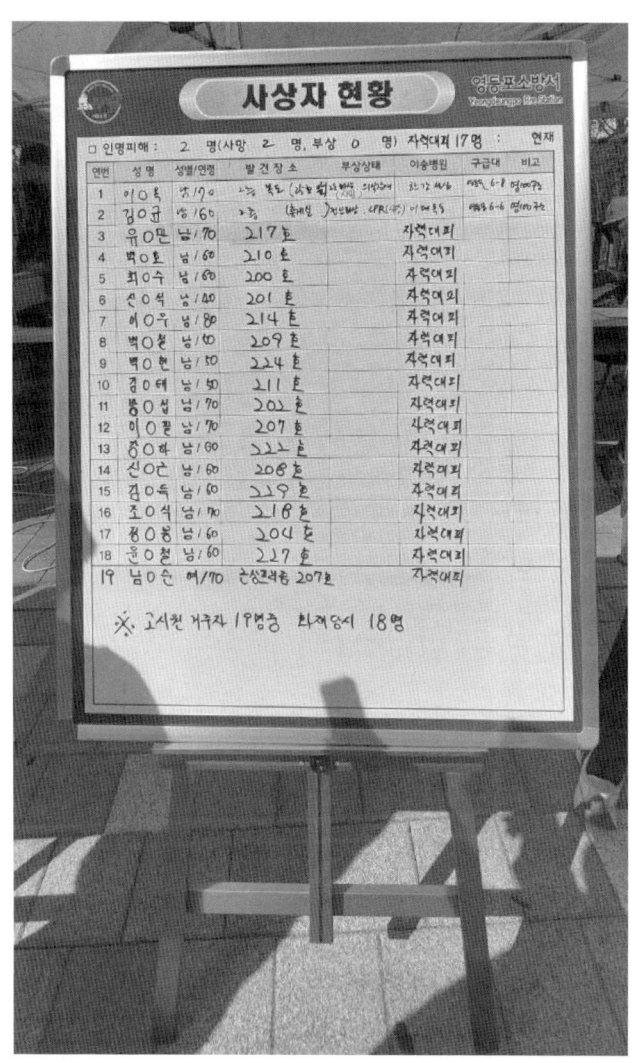

2022년 4월, 영등포의 한 고시원에서 발생한 화재 현장에서 영등포소방서가 작성한 사상자 현황표 ⓒ 이동현

가난을 걷어 낸 자리

을지로 골목. 왼쪽 펜스 옆으로 재개발 공사가 한창이다.
2020년 10월 28일.

을지로 태광정밀 안에서 바라본 골목길.
2020년 10월 28일.

광화문 농성 첫날, 박경석 전장연 대표가 전경들의
방어벽에 막혔다. 2012년 8월 21일.

광화문

1842일,
광장의 기억

지도를 펴고 서울 가운데를 찍으면 용산 언저리가 되겠지만 역사적으로나 사회적으로 서울의 중심은 광화문이다. 각 도시와 서울의 거리를 측정하는 도로원표도 광화문 사거리에 있으니 지리적으로도 중심이라 볼 수 있다.

2016년 10월 말에 시작한 박근혜 전 대통령 퇴진 촛불 집회도 광화문에서 열렸다. 매주 토요일, 20회에 걸쳐 이루어진 집회는 첫 회를 제외하고 모두 광화문광장에 무대를 설치했다. 그렇다고 광화문이 늘 열린 공간은 아니었다. 차벽에 가로막혀 광화문에 도달하지 못한 적도 많았다. 한미FTA에 반대하는 촛불 집회가 청계천과 종로 일대에서 열리던 2008년, 시민들은 광화문을 넘어 청와대 앞으로 가고 싶어 했지만 번번이 가로막혔다. 경찰에 의해 가로막힌 길들을 뚫기 위해 좁은 골목을 뱅뱅 돌다 보면 쉽게 기운이 빠지곤 했다. 하지만 광장에서는 한데 모여 서로의 얼굴을 확인하는 기쁨이 있었다. 이 때문인지 광화문에서 열리는 집회에 참석할 때면 지금도 작은 해방감이 일렁인다.

윤영, 윤영. 우리가 광화문역에서 농성을 하는 거예요. 얼마나 멋있어요? 청와대를 딱 마주 보고 우리의 지하 벙커를 만드는 거지. 장애인, 홈리스 이런 사람들이 시내 한복판을 딱 차지하고 얼마나 좋아요?

2012년 8월, 광화문에서 농성을 시작하자고 꾀는 박경석 대표 (당시 전국장애인차별철폐연대 상임공동대표)의 목소리는 경쾌했다. 우리의 주장은 장애 등급제와 부양 의무제를 폐지해야 한다는 것이었다. 장애를 그 종류와 정도에 따라 여섯 등급으로 나누는 장애 등급제는 급수에 따라 신청 가능한 복지 서비스를 제한하는데, 이는 실제 장애인 당사자의 필요와 일치하지 않아 문제가 많았다. 또 아무리 가난해도 가족에게 소득이나 재산이 있으면 기초생활수급자가 될 수 없게 만드는 부양 의무제는 가난한 이들의 목숨줄을 죄는 심각한 문제였다.*

* 부양 의무제는 국민기초생활보장법의 부양 의무자 기준을 말한다. 한국에서는 기초생활보장제도 수급을 신청할 때 1촌 내 직계혈족과 그 배우자들의 소득과 재산을 심사 대상에 포함시킨다. 이는 부양 의무자에게 실제 경제적 도움을 받을 수 없는 사람들까지도 수급에서 탈락시키는 경우가 많아 큰 문제가 되어 왔다.

이렇게 진지한 농성을 하는데 이 경쾌함이라니! 되돌아보니 농담을 즐기는 박경석 대표가 3년차 초보 활동가를 배려해 던진 위장 포석이었던 것 같다. "재밌어 보이지 않아? 일단 한번 해보자구!" 박경석 대표는 이런 식으로 일을 벌이는 데 탁월한 재능이 있는 사람이었다.

사실 위장술이든 아니든 상관없었다. 그땐 정말 뭐든 하고 싶었다. 2010년 사회복지통합전산망이 도입되면서 정부는 기초생활수급자와 부양 의무자의 정보를 속속들이 알 수 있게 되었다. 정부는 이 전산망에 나타난 정보만을 근거로 수급자들에게 탈락 통보를 보내기 시작했다. 일제 조사가 있을 때마다 뉴스에는 수급 탈락을 통보받은 노인들의 자살 소식이 오르내렸다. 부양 의무자가 있지만 부양받지 못하는 현실을 소명하기 어려운 사람들, 그러기가 불가능한 사람들이었다.

항의 성명을 내고 기자회견을 여는 것 이상으로 할 수 있는 일이 없어 답답하던 차였다. 어디선가 각자 슬플 바에는 슬픔이라도 함께할 공간이 필요했다. 농성장은 그러기에 최적의 장소가 아닌가. 2012년 12월 대선을 앞두고 후보들이 장애 등급제·부양 의무제 폐지를 공약하도록 하자는 게 우리의 첫 번째 목표였다.

2012년 8월 21일 아침 9시경, 선발대는 예정 시간보다 일찍 광화문역에 도착했다. 곳곳에는 이미 경찰들이 가득했다. 광화문

광장에서 광화문역으로 이어지는 해치마당에는 도열한 경찰들이 휠체어 이용자나 '시위자 관상'의 사람들을 모조리 잡아 통행을 막고 있었다.

경찰이 우리를 막기 위해 벌였던 일들 가운데 가장 황당한 일은 광화문역 리프트 사용을 막은 것이었다. 리프트는 계단을 이용할 수 없는 휠체어 장애인들을 돕기 위해 설치된 것이었지만 잦은 사고 때문에* 당사자들에겐 오히려 공포의 대상이었다. 휠체어 이용자들은 리프트가 움직일 때 나오는 <즐거운 나의 집> 노래 때문에 주변의 따가운 시선을 받는 것에서부터 리프트가 운행 도중 고장 나 공중에 몇 시간씩 방치되는 일에 이르기까지 대부분 끔찍한 기억을 갖고 있다. 경찰은 그런 리프트 이용을 막는 것만으로도 휠체어 사용자들을 쉽게 가둘 수 있었다. 유유히 계단을 오르내리는 비장애인들 사이에서 휠체어를 탄 이들은 농성 첫날부터 꼼짝도 못 한 채 허탈해하고만 있었다.

* 2001년 오이도역에서는 리프트가 추락해 70대 할머니가 사망한 바 있고, 2017년 신길역에서는 리프트 작동 버튼을 누르려다 휠체어가 굴러떨어져 60대 한 씨가 사망했다.

처음부터 1842일을 생각하고 농성을 시작하는 사람은 아무도 없을 것이다. 장애 등급제 폐지는 약속했으나 부양 의무자 기준에 대해서는 '개선'만을 약속한 박근혜 후보가 대통령에 당선되자 우리는 농성의 방향을 다시 세워야 했다.

대개 농성은 누군가의 영정이 놓이면서 시작된다. 용산 참사 유가족들의 남일당 농성과 쌍용자동차 노동자들의 대한문 앞 농성이 그랬고, 세월호 유가족과 고 문중원 기수의 가족이 광화문에 앉아 있을 때도 그들 가슴엔 먼저 떠난 가족의 얼굴이 있었다. 하지만 우리의 광화문 농성은 그 순서가 조금 달랐다. 출발점에 영정은 없었지만 하루하루 농성 날짜가 쌓여 갈수록 영정의 수도 늘어 갔다.

농성 67일째, 농성장에서 함께 활동하던 동료 김주영이 화마에 숨졌다. 탈시설 1세대 활동가인 그는 집에 불이 나자 119를 불렀지만, 혼자 휠체어에 올라앉아 방을 빠져나갈 수 없었다. 결국 그는 구조대가 도착하기 전, 문을 고작 2미터 앞에 두고 목숨을 잃었다. 농성 70일째, 부모님이 일을 구하러 나간 사이 발달장애가 있는 동생을 돌보던 지우·지훈 남매가 화마로 중상을 입었다. 전자레인지에 음식을 데워 먹으려다 옮겨 붙은 불은 열한 살 동생을 돌보던 열세 살 누나에게 감당할 수 없는 재앙이었다. 남매는 투병 끝에 그해 겨울 세상을 떠났다. 농성 317일째에 접어든 이듬해 여름에는 장애 등급 하락으로 기초생활수급 탈락을 염려하던 박진영 씨가 스스로 목숨을 끊었다.

서류만 보고 기록 올리는 잘못된 관행을 고치시고, 공단의 장애 판정 정하는 사람들을 조사하시고, 잘못 진료하는 의사들을 조사해 주시면 감사하겠습니다. 세상이 억울해서 못 살겠습니다.

그의 유서에는 자신의 장애가 그대로인데도 장애 등급 하락을 결정한 행정 당국에 대한 분노가 담겨 있었다. 그는 "1년에 절반 정도는 앞을 제대로 볼 수 없다. 청각 세포의 90퍼센트가 손상됐다는 진단도 받았는데 시각 장애는 6급, 청각 장애는 장애 등급조차 받지 못했다"고 토로했다. 게다가 간질로 인해 직장을 구하지 못하면서 4년간 수급을 받아 왔는데, 장애 등급 하락 때문에 수급권을 박탈당할지 모른다는 점이 그를 더욱 불안하게 만들었다. 하지만 장애 등급을 심사하는 국민연금공단이나 그가 살던 지역의 주민센터 등 어느 곳에서도 그의 의문을 해결해 주지 않았다. 생존의 기로에 선 그에게 돌아온 것은 냉담한 거절이었다.

생전의 박진영 씨를 본 적은 없지만 나는 영정 속 그가 겪었을 슬픔과 무력감을 조금은 알 것 같았다. 정부는 복지 제도를 과

학화·객관화한다며 나날이 정교하게 만들었다. 하지만 제도가 아무리 정교한들 복잡한 우리네 삶을 고작 몇 가지 등급으로 나눌 수는 없다. 이런 등급화 과정은 공식적 언어로는 자신의 경험을 제대로 설명할 수 없는 수많은 이들을 좌절시켜 왔다.

농성을 시작한 지 1년도 안 돼 영정은 네 개가 되었고, 농성을 마치던 2017년, 이는 열다섯 개에 이르렀다. 거기에 놓인 열다섯 개가 전부라고 할 수도 없었다. 농성을 시작할 때 이미 각자의 마음에 품고 온 영정이 있었기 때문이다.

가슴속 영정들

내 가슴에도 영원히 남을 영정들이 있다. 하나는 2010년 가을 스스로 목숨을 끊은, 한 장애 아동의 아버지다. 일용직 노동자였던 그는 아들의 장애 판정 후 주민센터를 방문했지만, 근로 능력이 있는 아버지가 있어 수급 신청이 불가능하다는 이야기를 듣고 돌아서야 했다. 그는 "아들이 나 때문에 못 받는 것이 있다"며 자신이 "떠나고 나면 동사무소 분들에게 잘 부탁드린다"는 내용의 유서를 남겼다.

같은 해 겨울, 수급비 가지고는 생활이 안 된다며 죽음을 선택한 노부부도 있었다. 두 사람은 부양 의무자 기준 때문에 서류상 이혼 신고를 한 뒤 한 사람의 수급비로 둘이 생활을 꾸려 가다 생활고를 비관해 세상을 떠났다.

그리고 2012년 6월, 부양 의무자 기준 때문에 수급에서 탈락한 뒤 거제 시청 앞마당에서 목숨을 끊은 할머니가 있었다. 그는 "법도 사람이 만드는데 사람에게 법이 이럴 수 있냐"는 항변을 유서에 남겼다. "법이 그래서 어쩔 수 없다"는 말은 탈락의 경계에 선 사람들이 으레 듣는 완곡한 거절이었다.

각종 복지 제도에 대한 소개를 읽어 보면 우리나라에 이런 제도도 있나, 정말 다양하게 잘도 준비되어 있구나, 하는 생각이 든다. 실제 한 번이라도 복지 서비스를 신청해 본 적이 있는 사람들은 모두가 절차가 너무 까다롭다고 입을 모은다. 선정 기준이 너무 엄격해 세세한 자격 기준에 완전히 맞지 않으면 탈락하기 일쑤고, 지원을 받더라도 그 수준이 너무 적거나 제약이 많기 때문이다.

빈곤층을 대상으로 하는 복지 제도의 요구 사항들은 모순적이다. 빈곤이라는 자신의 실패를 무한 입증해 도움받을 만한 처지에 있음을 납득시켜야 하는 동시에 자신의 능력으로 언젠가 이 수렁을 탈출할 것이라는 자활 의지를 보여 줘야 하기 때문이다. '게으르다' '남을 잘 속인다' 같은 빈곤층에 대한 편견은 잦은 조사, 가혹한 선정 기준으로 정교하게 제도화되어 있다.

이른바 '복지 사각지대'에서 발생한 죽음이 전해질 때마다 정부는 요란하게 대책을 발표하고 일제 조사를 실시한다. 어려움에 처했을 때 주민센터를 찾으라는 선전물도 곳곳에서 볼 수 있다. 하지만 우리는 여전히 비슷한 죽음을 만나고 다시 애도한다. 이렇게 반복되는 패턴 속에 슬픔과 분노조차 잠시 소비하고 마는 듯한 세상에서 광화문 농성장은 이 죽음들이 그저 흘러가지 않도록 담아 두는 둠벙이었다.

광화문에 모인 사람들

2014년과 2015년은 유난히 힘든 해였다. 송파구의 세 모녀가 있었고, 세월호 참사가 있었고, 장애 등급제로 인한 송국현 동지의 죽음이 있었다.* 우리는 장애 등급제 폐지 이행을 요구하며 수십 번의 기자회견과 면담 요청서, 선전전, 집회를 이어 갔지만 박근

---

* 고 송국현은 오른쪽 팔과 다리를 사용할 수 없는 중증 장애인이었으나 중복 장애 3급 판정을 받아 활동 지원 신청이 불가능했다. 당시 활동 지원 신청은 1, 2급만 가능했다. 활동 지원 없이 일상생활을 이어 가기 어려웠던 고인은 2014년 4월 10일 국민연금공단 장애심사센터에 찾아가 긴급 대책을 요구했으나 거절당했고, 사흘 뒤인 13일 집에 혼자 있다가 화재로 세상을 떠났다. 침대에서 현관까지는 단 다섯 걸음에 불과했다.

혜 정부는 무시로 일관했다.

그럼에도 불구하고 우리는 다시 별의별 일을 다 벌이며 하루하루를 넘겼다. 명절이면 차례상을 차렸고, 연인들처럼 농성 100일, 500일, 1000일을 기념하는 파티를 했다. 크리스마스를 함께하고, 좋아하는 노래의 가사를 바꿔 부르며 뮤직비디오를 만들었다. "차별을 걷어차는 부릉부릉 자동차"라는 이름을 붙인 봉고차를 나눠 타고 '차차차 전국 투어'를 하며 장애 등급제와 부양의무자 기준 폐지를 지지하는 시민들의 서명을 모으기도 했고, 출근길에 신촌과 강남, 대학로, 종로의 거리를 막아서는 '그린라이트 투쟁'을 95일간 이어 갔다.

광화문 농성장은 신기한 곳이었다. 총리 면담 요청서에 답이 없으면 오늘이라도 당장 집회를 조직하고 거리로 뛰쳐나가는 사람들이 거기 모여 있었다. 전국에서 온 활동가들이 순번을 돌아가며 농성장을 지켰다. 이제 막 시설을 나와 서울로 '소풍'을 나온 사람들도 있었다.

이 신기하고 이상한 사람들을 만날 수 있는 곳이 광화문이었다. 쓰레기통 하나 찾기 어렵지만 언제나 깨끗한 도심에 우리 농성장은 새로운 일상을 들였다. 판잣집을 없앤 자리에 빌딩을 세우고, 노점상을 없앤 자리에 화단을 놓고, 구걸하는 이들에게 벌금을 매기는 도시에서 가난한 이들은 대를 이어 쫓겨났다. 장애인에게 이동과 노동을 허락하지 않는 사회는 대신 그들을 시설에 격리했다. 그렇게 정돈된 도심에 다시 가난한 이들과 장애인이 쳐들어온 셈이다.

쫓겨났던 이들이 광화문역을 채우자 우리를 닮은 사람들도 이곳으로 모이기 시작했다. 부양 의무자 기준 때문에 수급에서 탈락한 이들이 농성장의 존재를 알고 희망이 생겼다며 응원 전화를 걸어 왔다. 부양 의무자 기준 때문에 고민하는 친구의 손을 잡고 농성장을 찾아온 이도 있었다. 각자의 방 안에서 고립된 죽음으로만 발견되던 이들이 광화문에 모여 피켓을 들고 목소리를 높였다. 광화문 농성장은 어딘가 흩어져 있는 것으로만 추정되던 사람들 사이를 잇는 작은 부표였다.

바뀐 것과 바뀌지 않은 것

이렇게 많은 사람들이 도대체 다 어디에 있었던 걸까. 2016년, 박근혜 퇴진을 요구하며 광화문광장에 모인 촛불들을 보니 그런 생각이 들었다. 신나면서도 좀 머쓱하기도 했는데, 얼굴 모르는 손님들이 잔뜩 몰려와 우리 집에서 잔치를 벌이는 느낌이었달까. 지난 5년 내내 내가 보던 광화문이 이런 모습이었나 싶었다.

이 기간 동안 우리 농성장은 갈 곳을 헤매는 사람들의 길잡이가 되었고, 정수기와 난로를 제공하는 쉼터였으며, 핸드폰 충전 기지이기도 했다. 광화문역 출구의 현판을 '박근혜 퇴진역'으로 살짝 바꿔 달자 사람들이 재밌어 했다. 그래서 우리는 아예 '박근혜 퇴진역' 스티커를 제작해 나눠 주며 '장애 등급제·부양 의무제 폐지'도 기억해 달라 부탁했다.

광화문 농성 2주년을 맞아 열린 2014년 '부글부글 결심 대회'•에서 박경석 대표는 이런 말을 한 적이 있었다.

"농성 빨리 끝내고 싶어요? 박근혜가 대통령 그만두는 게 빠를지도 몰라요."

박근혜 대통령이 장애 등급제, 부양 의무제를 폐지해 농성을 마무리하길 기대하느니 정권 퇴진을 기대하는 게 더 쉬울 거라는 말이었는데, 물론 당시엔 농담으로만 들었다. 그런데 웬걸, 정말 박근혜가 먼저 탄핵당했다. 우리는 그 이후 열린 2017년 대선에서 후보들로부터 '장애 등급제 부양 의무제 폐지' 약속을 받아 냈다. 새 정부의 신임 장관, 박능후 보건복지부장관은 광화문 농성장을 찾아와 "최대한 빠른 시일 내에 부양 의무자 기준을 폐지할 것"을 약속했고, 9월 5일, 우리는 1842일을 끝으로 농성을 마무

•　광화문 농성장 참가자들의 총회격 모임이다. 농성 상황 전반을 점검하고 계획을 수립하는 연중행사였다.

리했다. 농성을 해소하며 우리는 다음과 같은 글을 발표했다.

우리는 오늘 광화문 농성을 마칩니다. 5년간의 농성 투쟁을 통해 장애 등급제, 부양 의무자 기준, 장애인 수용 시설은 이제 없어져야 할 것임을 전 사회에 알렸고, 정부와 보건복지부가 위원회 구성을 통한 성실한 이행을 약속했습니다. 이제 최대한 빠른 시일 내에 이를 달성하는 과제가 우리 앞에 남아 있습니다. 5년간의 투쟁은 우리의 일상이 되었지만, 우리의 승리는 세상의 모든 일상을 바꿀 것입니다.

2019년 7월 1일, 보건복지부는 장애등급제 폐지를 발표했다. 그러나 1~6급으로 나뉘어 있던 장애 등급제 대신 '장애의 정도가 심함', '장애의 정도가 심하지 않음'이라는 2단계 구분이 등장했다. 우리의 요구는 등급에 따라 복지 서비스 신청 자격을 제한하지 말고 신청권을 확대하라는 것이었지만, 보건복지부는 '종합 조사'라는 판정 도구를 활용해 여전히 서비스 신청을 제한하고 있다.

부양 의무자 기준 폐지 역시 미완의 상태인 건 마찬가지다. 기초생활보장제도의 생계·의료·주거·교육 급여 중 교육 급여와 주거 급여에서 부양 의무자 기준은 폐지됐으나 생계 급여에서는 부양 의무자 기준이 완화되는 데 그쳤다.* 더 심각한 문제는 의료 급여의 경우 부양 의무자 기준이 완화되지 않았을 뿐만 아니라, 향후 폐지 계획조차 없다는 점이다.

2020년 12월, 서초구 방배동에서 사망한 지 5개월이 지난 한 어머니의 시신이 발견되었다. 어머니가 사망한 뒤 발달장애를 가진 아들은 거리에서 노숙을 하고 있었다. 이들 모자는 자활 사업 참여가 끝난 뒤 소득이 전혀 없었지만 부양 의무자 기준 때문에 주거 급여만 받고, 생계·의료 급여를 신청하지 않았다. 이들의 부양 의무자인 전 배우자와 다른 자녀에게 연락이 가는 것을 꺼려 수급 신청을 포기한 것으로 추정된다. 월세 25만 원의 재개발 지역 주택에 살고 있던 그들은 방배동 재개발 이후에 갈 집이 있었을까. 꼼꼼히 기록된 가계부에 남은 모자의 살림살이는 지출이랄 것도 없이 빠듯했다. 이 사건은 부양 의무자 기준 폐지를 공약한 대통령의 임기 3년차에 일어난 일이었다.

* 2026년 현재, 부양 의무자 가구의 연소득과 재산이
각각 1억3000만 원, 12억을 초과할 때 급여를 받지 못한다.

내가 운동을 시작할 때 학생운동은 이미 인기 없는 일이었다. 할 수 있는 일도 적었고, 영향력은 더 미미했다. 이렇게 전망 없는 일에 뛰어들 바보는 많지 않았는데, 그런 바보 중 하나가 나였다. 그래서 그런지 난 자신감도 없었고, 대단한 포부나 확신도 품어 본 적이 없다. 무엇인가 주장해야 하는 숙명을 타고 난 활동가의 마음에 이렇게 의심이 많다는 건 성가신 일이다. 부양 의무자 기준이 폐지되어야 한다는 말을 수천 번, 아니 수만 번은 반복했을 텐데, 나는 아직도 이리저리 자를 대 본다. 혹시 내 말이 이상한 걸까? 내가 잘못된 주장을 하는 건 아닐까?

중요한 건 이렇게 의심 많고 확신 없는 내가 광화문 농성장을 생각하면 묘하게 힘이 난다는 것이다. 힘들 때 나는 언제라도 다시 그곳으로 돌아가면 되지 않을까 생각한다. 망한 운동의 꽁무니만 쫓아온 내게도 드디어 세상을 바꾸기 위해 당신이 필요하다고 말할 용기가 생겼다.

박경석 대표는 운동에서는 '관계'가 중요하다고 늘 말한다. 관계의 의미는 다양하다. 함께 세상을 바꿀 친구를 만나는 것도, 의견이 다른 사람과 논쟁해 보는 것도, 집을 벗어나지 못하던 장애인이 세상에 나오는 것도 모두 관계를 맺는 일이다. 관계가 남는다면 패배하더라도 허무하지 않다. 세상을 바꿀 씨앗이 남았다면 아직 싸움은 끝나지 않았기 때문이다. 성공하지 못하더라도 가능성으로 남는 것, 이는 실천하는 사람들의 몸과 시간에서 나온다.

관계를 만드는 데 가장 중요한 것 중 하나는 공간이다. 서로 다른 사람들이 한 공간에서 마주치면서 조율하고 타협하는 무수한 시간을 거칠 때 공존의 기술을 배울 수 있기 때문이다. 표백해 놓은 듯한 도심의 얼룩과도 같았던 우리는 이곳을 오가는 사람들과 서로를 길들였다. 도대체 왜 공공시설을 차지하고 있는 거냐고 화를 내던 사람들이 부양 의무자 기준이 뭐냐고 묻고, 영정 속 사람들에게 무슨 일이 일어난 건지 궁금해하고, 마침내 농성을 마치는 날에는 도넛 상자를 들고 와 축하해 주었다. 애초의 목표에 미치지는 못했지만 소중한 성과를 달성했을 때 그 결과를 함께 누리는 세상을 보며 은밀한 자긍심에 들떠 보았다. 권력자의 약속은 쉽게 깨지지만 켜켜이 쌓인 단단한 시간은 사라지지 않는다.

모든 것이 빠르게 변하는 서울에서 광화문도 변했다. 한때 촛불로 채워졌던 광화문광장은 세종문화회관 앞까지 확장되었다. 다행히 해치마당과 광화문역 지하도는 큰 변화가 없다. 광화문역 해치마당에서 한 계단만 더 내려가면 우리의 농성장이 있던 자리에 작은 현판이 남아 있다.

그리고 우리가 광화문에 남긴 것이 하나 더 있다. 바로 엘리베이터다. 지하 4층에 달하는 광화문역에는 원래 열차 승강장과 역사를 잇는 엘리베이터가 없었다. 광화문역을 자주 이용하게 된 우리가 1842일간 끈질기게 요구한 결과 엘리베이터가 생겼다. 이제 경찰은 농성 첫날처럼 리프트 운행을 막는 것만으론 휠체어 이용자의 통행을 막을 수 없다. 광화문역을 찾는 휠체어 이용자는 목숨을 걸고 리프트를 타지 않아도 된다.

정부는 약속을 이행하지 않았지만 이 싸움은 이렇게 싱겁게 끝나지 않을 것이다. 세상이 바뀔 것이라는 우리의 희망에는 1842일이라는 강력한 근거가 있기 때문이다.

광화문 농성 첫날, 경찰이 리프트를 막아선 모습(왼쪽)과
경사로를 막아선 모습(오른쪽). 2012년 8월 21일.

2012년 8월 21일, 농성을 시작할

장애등급제, 부양의무자

희생된 장애인

광화문 농성 기간 중 돌아가신 분들의 영정.
2017년 9월 5일. ⓒ 최인기

1842일 광화문 농성의 마지막 날.
2017년 9월 5일. ⓒ 최인기

종로 창신동 쪽방촌 담벼락. 2022년.

종로

쪽방촌 주민의
기억

서울에서 태어났지만 쭉 경기도에서 자란 나는 서울에 대해 어느 정도 이방인이다. 매일 서울을 오가며 사는 경기도인은 서울을 면이 아니라 점과 선으로 인식하게 된다. 서울과 나를 연결해 주는 것은 빨간 광역버스와 고속도로였다. 동네 마지막 정류장을 벗어난 버스가 30분을 내리 달리면 서울에 진입할 수 있었다. 그렇게 선이 이어져 강남, 잠실, 종로 같은 점에 서면 거기부터가 내게는 서울의 시작이었다.

십대 시절부터 내가 가장 좋아하는 점은 종로였다. 종로는 내게 교보문고와 대학로, 신촌이나 홍대의 클럽으로 이어지는 점이었다. 종로구의 마스코트인 종돌이도 귀엽고, 무심히 길을 걷다 고궁이나 오래된 골목을 만날 수 있다는 점도 좋았다.

종로에는 신기한 영화관도 많았다. 조금 방황하던 시절엔 독립영화를 보면서 하루를 보내곤 했는데, 종로는 명동의 중앙시네마부터 종로2가의 필름포럼, 낙원상가의 서울아트시네마, 광화문 씨네큐브까지 독립영화관 집합소나 다름없었다. 영화와 영화 사이 빈 시간에는 은행나무와 플라타너스 사이를 걸으며 우수를 불태웠다. 종로는 그러기 적당한 곳이다.

또 종로는 옛 친구, 애인들과 나눈 추억의 본산이기도 하다. 창경궁으로 함께 입장해 창덕궁으로 나와서는 인사동과 종로3가 골목들을 마냥 걷는 게 좋았다. 여름밤이면 굳게 닫힌 커다란 궐문 아래로 시원한 바람이 지난다. 문 앞에 엉덩이를 깔고 앉아 맥주를 마시면 참 행복한데, 관리하시는 분한테 혼날 수 있으니 그다지 추천하지는 않는다.

종로에는 '어른의 맛'도 가득했다. 지금은 사라진 피맛골 생선구이집에서 밥을 먹고, 열차집이나 육미, 포장마차에서 소주를 마시면서 어른이 된 기분을 즐겼다. 한번은 종로구청 앞 소시지집에서 아빠를 만난 적도 있다. 내겐 신흥 맛집이었던 가게가 아빠의 30년 단골집이었다. 종로는 그런 일이 일어나는 동네다.

이처럼 종로에 대해 말하자면 끝이 없다. 종로에서 열렸던 집회는 또 얼마나 많은지! 종로2가에 가면 나는 늘 한 농민을 떠올린다. 2006년 여름이었다. 농활을 마치고, 마을 농민들과 함께 한미FTA 반대 집회를 위해 서울에 왔다. 우리 읍 농민회 회장님은 새까만 얼굴과 두꺼운 손마디가 멋있는 분이었는데, 고무장화 위로 걷어 올린 바짓단이나 가슴 앞주머니에 꽂힌 담뱃갑이 서울에 오자 그렇게 어색해 보일 수 없었다. 며칠간의 농활로 까맣고 푸석해진 내 얼굴도 서울을 만나니 갑자기 생경했다. 인도 위에

선 서울 사람들은 땀 냄새 나는 행진단을 인상을 구기며 바라보았다.

그때 회장님은 까칠한 눈길로 우리를 바라보던 버스 정류장의 시민들을 향해 박수를 치며 소리치기 시작했다.

안녕하세요, 저는 농사짓는 사람입니다. 여러분 먹거리를 제가 만들어요. 농민들이 살아야 여러분도 삽니다. 거리로 나와 주세요, 함께 외쳐 주세요.

회장님은 언제나 "WTO Kills Farmers"라고 쓰인 조끼를 입고 있었는데, 2003년 열린 WTO각료회의에 항의하기 위해 멕시코 칸쿤을 찾았던 농민들과 함께 맞춘 옷이었다. 그곳에서 이경해 열사가 돌아가신 이후 한 번도 벗지 않았다는 낡은 조끼를 걸친 그가 뽀얗고 냉담한 얼굴들을 향해 소리치던 모습은 지금도 내게 어제인 듯 남아 있다.

종로는 처음으로 거리 홈리스 상담 활동을 시작한 곳이기도 하다. 매주 목요일이면 종각역에서 '노숙인인권공동실천단'의 상담 활동에 참여했는데, 지금 함께 활동하는 동료들과 처음 만나 정을 쌓은 곳도 그곳이다. 거리 홈리스의 일상도 거기서 처음 알게 됐다. 그 세계에선 지하철 운행이 끝난 새벽 1시쯤부터 잠을 청할 수 있다는 것, 그리고 4시면 역 청소가 시작되기 때문에 일어나야 한다는 것, 여름부터 가을까지 하수도에서 모기가 무척 많이 올라온다는 것, 거리에 누우면 사람들의 발소리가 천둥처럼 들린다는 걸 그때 처음 알았다. 벽을 보고 앉아도 뜨끈하게 쏟아지는 시선은 등이 먼저 알아차린다는 것도, 지하철 역무원으로부터 받는 냉대에 어떤 상처를 입는지에 대해서도 조금 배웠다. 활동이 끝나면 활동가와 홈리스 아저씨들 몇몇이 '육미'로 몰려가 6000원짜리 주꾸미데침에 소주를 마셨다. 기본 안주인 오뎅국만 축낼 때가 많아서 사장님 입장에선 반갑지 않은 손님이었을지 모르지만 그래도 편안한 곳이었다. 이번 이야기의 주인공, 동선 아저씨를 처음 만난 곳도 종각역이었다.

동선 아저씨

1958년생 김동선. 말수는 적지만 어렵지는 않은 사람이었다. 일용직으로 일하던 동선 아저씨는 쪽방과 거리를 오갔다. 동자동에도 살고, 종로3가 뒤쪽 돈의동에도 살았다. 일거리가 생기면 몇 주씩 일을 나가기도 했지만, 술을 마시다 보면 계속 못 가기도 했다. 일이 없을 때는 고물을 줍거나 밥을 먹으러 서울 곳곳을 두 발로 누볐다. 우리는 집회 때 동선 아저씨의 리어카를 곧잘 빌려 썼다. 리어카 위에 '빈곤의 감옥'도 올리고 'G20 반대' 공도 올려서 행진했다.

가평에서 자란 그의 어린 시절 기억은 아버지의 폭력으로 가득했다. 아버지가 술을 먹고 들어오는 소리가 나면 언젠가부터 어머니도 그를 집 밖으로 내보냈다. 매일 밤 이어지는 아버지의 매질과 지긋지긋한 통증이 집에 대한 동선 아저씨의 기억이다.

학교에서는 똑똑하다는 칭찬도 듣곤 했지만, 아버지는 동선 아저씨가 학교에 가는 걸 달가워하지 않았다. 그래서 교과서를 아궁이에 던져 넣기도 하고, 집까지 찾아와 학교에 보내 달라고 간청하는 선생님을 매몰차게 돌려보내기도 했다. 선생님이 오셨던 날 동선 아저씨는 많이 부끄러웠다고 한다. 아저씨는 때로 아버지의 폭력을 피해 외양간에서 잠을 청하곤 했다. "아부지는 상상도 못 했겠지, 나는 외양간에 있었는데." 오십이 넘어서도 그는 짓궂게 킬킬거리며 아픈 기억을 농담거리로 삼았다.

10대에 집을 나온 동선 아저씨는 건설 일을 시작했다. 아저씨는 일을 잘한다는 자부심이 대단했는데, 실제 같이 일을 다니는 사람들 이야기나 이런저런 어려움을 겪는 와중에도 일거리가 찾아왔던 것을 생각해 보면 순 뻥은 아니었던 것 같다. 그는 자기가 두 명 몫을 혼자 해내는데다가 누구보다 꼼꼼하다고 늘 목소리를 높였다. 종각역에 박스집을 제대로 지어 전파한 것 역시 동선 아저씨였다고 한다.

노숙 생활은 건강에 안 좋다. 영양가 적은 식사나 찬 바닥에 몸을 붙이고 자는 일상 때문인지, 사오십 나이에 이가 빠지거나 더운 날에도 몸에 냉기가 가시지 않는다고들 한다. 주변 활동가들은 오랜 거리 생활로 건강을 잃은 동선 아저씨가 기초생활수급자가 되기를 바랐다. 그러나 부양 의무자 기준이 있는 사회에서 수급 신청을 한다는 것은, 부양 의무자인 부모에게 연락해 '금융 정보 제공 동의서'를 받아야 한다는 뜻이었다. 자존심 세기로 유명한 동선 아저씨는 오랫동안 안 보고 지낸 부모님과 그런 식으로 연락할 사람이 아니었다.

그런 아저씨가 어느 날 부모님을 찾아가겠다는 마음을 먹었다. 오랜만에 찾는 고향이었다. 동행한 활동가가 아저씨의 부모님께 동선 아저씨가 신청하려고 하는 기초생활보장제도와 부양 의무자의 '금융 정보 제공 동의서'에 대해 설명했다. 그러나 부모님은 서류에 서명하지 않겠다고 했다. 부모님의 단호한 거절에 아저씨는 말 한마디 보태지 않고 그대로 일어섰다. 생각해 보면 그의 부모님은 동선 아저씨를 먼저 찾은 적이 없었다. 부모에 대한 동선 아저씨의 기억과 일말의 관심은 평생 일방적인 것이 아니었을까. 늙은 부모의 집을 나서며 "됐다, 그냥 가자" 하던 동선 아저씨의 말은 자존심 때문이었을까, 아니면 상처 때문이었을까.

이 질문을 던질 기회는 앞으로도 영영 없다. 착한 눈이 그렁그렁한 동선 아저씨는 2020년 2월 14일, 방에서 앉은 채로 발견됐다. 아저씨가 실려 간 뒤 돈의동 쪽방촌 이웃들은 그를 추모하는 조촐한 자리를 마련했다. 아저씨의 몸은 병원에 머물러 있었으니 통상의 빈소라 부르긴 어려웠지만 그를 기억하는 사람들이 모두 모여 있었다.

그곳에서 만난 이 씨는 동선 아저씨와 20년지기 친구라고 했다. 함께 고물을 모으고, 술 좀 작작 마시라며 싸우다가도 다시 만나 한잔하는 그런 친구였다. 술만 먹지 말고 밥도 챙겨 먹고 병원 좀 가라고 잔소리를 하다가, 그게 그만 싸움으로 번져 한동안 얼굴도 안 보고 지내기도 하고, 그러다 또 어떻게 지내나 궁금해서 슬쩍 방문을 열어 보는 그런 친구였다. 도무지 말도 없이 하루를 술로만 채우던 동선 아저씨를 발견한 것도, 술병이라도 치워 줄까 싶어 방문을 열어 본 이 씨였다. 이 씨는 "동선이가 병원 좀 가보자는 것도 거절하고 편안히 눕지도 못한 채 떠났다"며 한탄했다.

사람들은 쉽게 거리의 인연이나 쪽방촌에서의 인간관계가 부정적일 거라 단정한다. 특히 사회복지에서 말하는 이른바 '사례 관리'의 관점에서는, 독립적인 가계를 꾸리거나 사회적으로 볼 때 '괜찮은' 사람들과의 관계로 이동해야 발전이다. 하지만 동선 아저씨의 빈 병을 치워 주던 이 씨의 손길이 없었다면 아저씨는 언제 발견됐을까. 가족들의 동의를 기다렸다가 무연고 사망자로 화장되던 그날까지 어디서 동선 아저씨를 추모했을까. 술이 자기 몸을 무너뜨리고 있는 걸 알면서도 마음의 구멍을 메우지 못해 빈 병을 팔아 다시 술을 먹는 나쁜 버릇을 누구와 키득거리며 나눌 수 있었을까.

오히려 해로운 쪽은 이런 가난한 친구들이 아닌 세상이었다. 개발도상국에서 선진국으로 가장 빠르게 발전했다는 이 사회는 언제나 아저씨를 나쁜 계약관계 아래 두었다. 아저씨는 수원, 분당을 비롯한 곳곳에서 아파트를 지었다. 가장 마지막에 투입되는 내장 전문 노동자였다고 한다. 야무진 손끝으로 마무리해야 폼이 나는 일이다. 그는 관절과 근육, 시간을 녹여 멀끔한 건물을 완성했다. 그렇게 몸이 녹듯이 일을 해도 임금은 체불되기 일쑤였고, 가난한 아저씨의 억울한 사정은 늘 해결이 어려웠다. 동선 아저씨의 마지막 노동은 고물이었다. 박스를 100킬로그램씩 이고 지고 테이프를 뜯어내고 깨끗하게 포개서 받을 수 있는 돈은 3000원. 쪽방의 한 달 월세는 못해도 20만 원. 거리에 살다 쪽방에 살다 할 수밖에 없는 불안정한 일상은 술 때문만이 아니었다.

동선 아저씨는 글을 몰랐다. 쓸 줄 아는 건 자기 이름 석 자뿐이었다. 자존심 센 아저씨는 그걸 결코 남들에게 들키지 않았다. 나도 5년을 알고 지낸 뒤에야 알았다. 아무도 이를 눈치채지 못한 것은 아라비아숫자 덕분이었다. 그의 담임선생님 말씀대로 그는 비상한 기억력을 가졌음이 틀림없는데, 글 모르는 걸 티 내지 않기 위해 전화번호나 버스 노선을 통째로 외웠다. 덜 준다고 자세히 따질 방법은 없었지만 '굴러먹은 통밥'으로 월급 명세서를 셈했고, 간판 대신 전화번호를 눈에 익혔다. 그러나 세상은 아라비아숫자만큼도 친절하지 않았다. 사나운 세상에서 글씨를 모르는 일은 단지 부끄러움에 그치지 않았다. 무슨 서류인지도 모른 채 서명해 버렸다가 감당할 수 없는 빚을 지거나 범죄에 말려들 수도 있기 때문이다. 아무 뜻도 읽히지 않는 세상에서 위태롭게 밟아 간 동선 아저씨의 삶은 어떤 무게였을까.

종로에는 김동선이 살았다

2019년 여름, 돈의동 뒷골목에서 소주 두 병이 든 까만 봉투를 든 동선 아저씨를 만난 적이 있다. 이미 한참을 마시다가 마저 한잔을 채우려고 나온 듯 불콰한 얼굴이었지만 나를 보고는 오랜만이라며 활짝 웃었다. 식사는 하고 이렇게 마신 거냐고 타박하자 아저씨는 시끄럽다며 손을 내젓고는 더 시끄럽게 웃으며 헤어졌다.

오랜만에 본 동선 아저씨는 무척 자그마해져 있었다. 술 아니 슬픔 같은 것이 그를 천천히 녹여 버린 듯했다. 술도 세고 자존심도 센 사람, 뻣뻣하고 성질도 잘 내지만 실은 사람을 미워할 줄 모르던 사람 김동선은, 60여 년의 여정을 마치고 그렇게 잠들었다.

오세훈 서울시장은 동선 아저씨가 살던 돈의동 쪽방을 비롯한 도심 일대를 재개발하겠다고 나섰다. 개발업자들은 쪽방과 오래된 상가가 있는 종로와 청계천 뒷골목을 서슴없이 낙후 지역으로 지목했다. 이들의 계획에 따라 쪽방 월세보다 더 큰 이익이 보장되기만 한다면 건물주들은 미련 없이 건물을 철거할 것이다.

종로에는 오늘도 동선 아저씨 같은 사람들이 있다. 종로 대로를 한 골목만 벗어나면 보이는 쪽방과 고시원에도, "빈방/월방"이라는 알쏭달쏭한 전단이 붙은 여인숙에도, 하염없는 하루를 보내기 위해 빈 의자와 5000원짜리 백반집을 찾는 노인들 사이에도 일렁이는 삶이 있다.

이 도시를 함께 만들어 왔지만 아무런 지분을 얻지 못한 가난한 이들의 자리는 앞으로 얼마나 더 남아 있을 수 있을까.

동선 아저씨가 살던 돈의동 쪽방촌, 2022년.

곱창집 사장님 김영진. 2022년.

잠실

잠실포차
김영진의 기억

잠실은 서울올림픽과 함께 만들어진 공간이다. 잠실종합운동장과 올림픽공원, 선수촌·기자촌 아파트가 들어서며 잠실은 송파구의 중심이 되었다. 이때 지어진 아파트들은 2000년대 들어 재건축에 들어가면서 아파트값 상승의 중심에 섰다. 하지만 그런 높은 건물에 오르지 못한 사람들의 역사는 달랐다. 잠실 곳곳에 있던 노점상들이 바로 그런 사람들이었다.

올림픽선수촌, 석촌호수, 교통회관, 신천, 새마을시장, 가락시장 등지에 있던 노점상들은* 아시안게임과 올림픽이 열리는 기간 동안 장사를 접어야 했다. 단속반과 구청에 갈취를 당하거나 단속으로 아예 장사를 못하는 일들이 이어졌기 때문이다. 이를 계기로 이들은 자신들의 조직을 결성한다. 그것이 바로 1987년에 결성된 도시노점상연합회와 1988년에 결성된 전국노점상연합회다.

* 민주노점상 전국연합, 2017, 『송파노련 30년사』.

잠실포차 김영진의 기억

빈곤사회연대에서 활동하기 전까지 나에게 잠실이란 오로지 롯데월드였다. 놀이동산을 싫어하는 어린이는 별로 없겠지만 그중에서도 유난히 놀이기구를 좋아하던 내게 롯데월드는 천국이었다. '어른이 되면 꼭 연간 회원권을 끊어 매일 퇴근하고 롯데월드에 가야지' 결심하는 한편, '왜 어른들은 놀이동산을 안 좋아하는 걸까' 같은 걸 궁금해하곤 했다.

조금 더 머리가 굵어지면서 잠실에서 롯데월드만큼이나 흥미진진한 곳이 눈에 들어왔다. 롯데월드 앞 포장마차촌이었다. 주황색 천막, 노란 불빛, 음식에서 피어나는 따뜻한 연기와 시원하게 땀 흘리는 소주병 같은 운치 있는 풍경에 나도 일원이 되고 싶었다. 하지만 이 역시 옛 풍경이 되어 버렸다. 1989년부터 21년간 자리를 지켜 온 잠실포차 자리에 지금은 123층짜리 롯데월드타워가 우뚝 서있기 때문이다.

잠실포차의 뿌리

올림픽을 앞두고 정부에서는 포장마차 보관소를 폐쇄해 노점상을 일소하겠다는 계획을 세웠다. 이에 분노한 노점상들은 1988년 6월 13일, 성균관대학교 금잔디광장에 모여 '노점상 생존권 수호 결의대회'를 개최하고 그대로 거리에서 사흘 밤낮을 쉬지 않고 싸웠다. 결국 노태우 정권은 보관소 폐쇄 방침을 유보했다. 이는 뭉쳐서 싸우면 이길 수 있음을 알려 준 최초의 경험이었다.

올림픽이 끝난 1989년, 정부는 다시 노점상과의 전쟁을 선포했다. 전국의 노점상을 싹쓸이하겠다는 계획 중에 특히 포장마차에 대한 공격이 가장 거셌다. 정부는 일부 기업형 노점상을 부각해 조직폭력배와의 연계설 등을 유포하며 공안정국을 조성했다. 당시 석촌호수 인근에는 무려 214개의 포장마차가 모여 장사를 하고 있었다. 정부는 이들 포장마차를 철거하기 위해 경찰 2400명과 철거반, 소방서 직원, 청소원 등 4000명을 투입했다.[*]

중장비가 동원된 철거 현장은 곧장 티브이로 송출됐다. 티브이 속 스펙터클은 정권의 입장에선 강력한 공권력의 과시였지만, 노점상에게는 생존의 위협이었다. 이런 위협은 매일같이 닥쳤다.

미관상 아무리 그렇다 하더라도 아무런 대책 없이 규제만 하면 우리는 어디 가서 어떻게 먹고살라는 얘깁니까. 눈에 보기 좋고

---

[*] 「석촌호수 노점상 철거」, <MBC뉴스데스크> (1989/07/10).

233
잠실포차 김영진의 기억

보행하기가 좀 편리한 것이 먹고사는 것보다 더 중요합니까.

말로만 서민 정책, 서민 정책 하지 난 항상 피해만 입어 왔어. 얼마 전에는 사는 집이 무허가라고 내쫓더니 이제는 살길마저 끊어. 에그, 돈 없는 게 죄지.*

노점상들은 1989년 7월 20일, 명동성당에 모여 농성에 돌입했다. 당시 잠실에서 장사하던 31세 노점상 김영진도 그중 하나였다.

(농성에 들어가게 된 이유 중) 결정적인 건 전국에 포장마차를 다 없애겠다는 거였지. 그래서 안 모일 수가 없었던 거잖아. 각개격파식으로 해봤자 승산도 없고, 그러면 전국 싸움으로 만들자, 해서 (농성을) 한 거지.

김영진은 목소리가 크고 말도 잘한다고 곧잘 사회를 맡았다. 당선 전에는 노점상도 합법화해 주겠다던 대통령이** '범죄와

---

* 「노점 상인과 명동성당」, 『가톨릭신문』(1989/07/16).
** "노점상 이순녀 씨(54)는 올 겨울이 유난히 춥고

의 전쟁'을 벌이겠다면서 애꿎은 노점상만 때려잡고 있지 않은 가. 그해 명동성당 앞에서 김영진이 자주 외친 구호는 "애 태우고 속 태우는 노태우를 불 태우자"였다.

37일간의 명동성당 농성*으로 노점상들은 3000여 개의 '가로 가판대'라는 합법적 경로를 얻었다. 하지만 허가된 가로 가판대는 전체 노점상 규모에 비해 턱없이 부족했고, 그마저도 노점 단속을 중단한 것이 아니라 일부 노점을 관리하기 위한 정책의 일환일 뿐이었다.

길기만 하다. 지난해 8월 고혈압으로 쓰러진 남편(61)을 대신해 영등포역 부근에서 잡화 노점을 벌여 세 식구가 6만 원짜리 단칸 사글세방에 살면서 어렵게 생계를 꾸려 온 이 씨는 연일 계속되는 노점상 단속에 쫓겨 일터를 잃고 살길이 막막하기 때문이다.…이 씨는 '지난 1987년 대통령 선거 때 성남에 유세하러 온 노태우 후보가 꿈도 아픔도 국민과 함께 나누고 노점상을 허용해 주겠다고 말해 그가 대통령이 되면 단속반에 쫓기는 설움에서 벗어날 수 있으리라 큰 기대를 했는데 오히려 올 겨울엔 마구잡이 철거를 하고 있다'면서 당시 노태우 후보와 악수하며 환하게 웃고 있는 자신의 사진을 내보였다." 「노점상 소탕…끼니조차 벅차요」, 『한겨레신문』(1991/02/03).
• 최인기, 2022, 『가난의 도시: 우리 시대 노점상을 말하다』, 나름북스, 56쪽.

그래도 김영진은 얻은 바가 있었다. 그해 여름은 비가 참 많이 왔다. 지나가는 시민들의 손에 유인물을 쥐어 줄 때도, 구호를 외칠 때도, <늙은 군인의 노래>를 개사한 <늙은 노점상의 노래>를 부를 때도 비가 내렸다. 내리는 비에 자꾸만 눈물을 섞어 흘리던 동료가 있었다. 농성을 마칠 때쯤 그 동료의 별명은 비만 오면 우는 '울내미'가 되었다. 김영진 곁엔 이렇게 함께 싸운 동료들이 남았다.

울내미와 김영진을 비롯한 송파 지역 노점상들은 농성을 통해, 각자 떨어져 있다 하나하나 단속을 당하느니 한 자리에 모이는 게 낫다는 것을 깨달았다. 단속반에 뇌물을 바치고 구청 직원과 깡패에게 뒷돈을 주면서도 시시때때로 쫓겨나고 전전긍긍하며 사느니 차라리 함께 싸워 자리를 지키기로 했다. 처음 뭉칠 자리로 정한 곳은 잠실역 1번 출구부터 송파구청까지 이어지는 길목이었다. 건너편 교통회관 뒤쪽에서 물을 뜨고 마차를 준비한 다음 8차선 도로를 일제히 건너 한순간에 마차를 펴는 계획을 세웠다.

잠실역에 흩어져 있는 사람들을 한곳에 모아야지 싸움이 되잖아. 교통회관 뒤에 골목에서 물을 길어다가 준비를 해서 5시 되면 요이 땡 해가지구 그 넓은 도로를 건너서 롯데 주차장으로 갔지.

마차들이 우르르 8차선 도로를 가로질러 가는 모습은 제법 장관이면서 우습기도 했다. 따로 자리를 마련해 주겠다느니, 당신만 1000만 원을 챙겨 주겠다느니 하는 회유도 있었고, 시간이 지나면서 지친 몇몇은 그만두기도 했지만 노점상들은 매일 철거를 당해도 다시 매일 장사를 시작하자는 각오로 싸웠다. 그렇게 여름을 보내고 10월이 되자 송파구청은 당시 롯데 직원 주차장, 현재 롯데월드타워 자리 한 켠에서 장사를 하면 단속을 하지 않겠노라 약속했다. 단, 테이블은 설치하지 않기로 했다. 손수레에 간단한 안주를 담고, 술도 막걸리와 소주를 잔술로 파는 노점이 시작됐다. 손님들도 앉을 자리 없이 서서 먹던 그 장면이 잠실포차의 첫 모습이었다.

내가 만든 삶의 자리

송파구청의 약속은 오래가지 않았다. 한두 해 만에 노점을 철거하라는 압박이 다시 시작됐다. 하지만 이곳이 어떤 곳인가. 잠실 곳곳에 흩어져 있던 사람들이 명동성당 농성을 거쳐 만들어 낸 자리였다. 싸워서 만들어 낸 곳을 쉽게 잃을 순 없었다. 보통 인도와 같은 공유지를 점유한 노점들과 달리 롯데의 사유지에 위치한 잠실포차는 더욱 잦은 철거 위협에 시달릴 수밖에 없었다.

> (잠실포차는) 사실 고립무원이잖아. 밖에서 입구를 막아 버리면 딱 갇히게 되는 거야. 그러면 안에서 어떻게 되겠어. (우리가 여기 있다는 걸) 알려야 되니까 폐타이어라도 (불을) 지르고 해야 밖에서 보일 거 아냐. 우리도 처음에는 몰랐어. 폐타이어 딱 한 장만 질렀는데 낮인데도 시커먼 연기가 확 오르니까 이런 게 위력이구나 싶었지.

애초에 주차장 펜스에 갇혀 있던 잠실포차의 상황 자체가 모든 면에서 배수의 진이었다. 그래서 안과 밖을 가리지 않고 더욱 강하게 지켰다. 송파구청과 롯데의 간섭이나 시시때때로 일어나는 철거에 맞서야 하는 만큼 내부 규율도 강했다. 각 노점은 일정 크기 이하의 규격대로만 만들었고, 일주일에 한 번씩 8자로 자리를 바꿨다. 입구에서 조금이라도 가까운 자리에 손님이 모이기 때문에 서로 시기나 욕심이 생기는 것을 막기 위한 일이었다. 영업시간도 정해 같은 시간에 장사를 시작하고 같은 시간에 불을 껐다. 철거당하는 이웃 노점상이 있으면 지부장의 "불 꺼!" 소리에 맞춰 장사를 접고 달려갔다. 그야말로 철의 규율을 갖춘 장사

공동체였다. 책잡히는 일이 없도록 전구 하나 켤 때도 롯데의 전기는 사용하지 않았다.

하지만 잠실포차에는 무엇보다 든든한 지원 세력이 있었다. 한번은 송파구청과 롯데가 송파구 전역의 가로수를 정리해 생긴 나뭇가지를 모아 포차 입구를 막아 버렸다. 그런데 쌓여 있는 나뭇가지를 하나하나 치우고 손님들이 들어오기 시작했다. 김영진에겐 지금도 잊을 수 없는 광경이다.

송파구청하고 롯데하고 합동으로 단속을 해서 송파 전역에 전지 작업을 했던 가로수를 전부 잠실역에 가져와서 우리 (포장마차) 입구를 막은 거야. 근데 손님들이 밖에서 그걸 다 치우고 들어오고…대단한 광경이었지. 우리가 고립된 싸움을 하는 줄 알았는데 말이야.

그렇게 잠실포차는 전무후무한 새로운 공동체가 되었다.

잠실포차에게는 투쟁뿐만 아니라 다양한 타협책도 있었다. 60대가 넘는 롯데백화점 셔틀버스를 관리해 주고, 롯데물산 옷을 입은 주차장 관리 요원의 월급도 잠실포차가 줬다. 롯데의 땅이기는 했지만 이 땅의 실제 사용자는 포장마차들이었다. 이곳은 재산권이라는 현실의 법과 점유자의 사용권이라는 이상이 충돌

하는 작은 영토였다.

법적으로 따지면 유리할 게 하나 없어. (법은) 실질적으로 힘의 관
계를 투영하는 거거든. 사유지니까 명분이 굉장히 약했지. 하지
만 생존권은 천부적 권리잖아. 어떤 법률보다도 강한 헌법적 개
념이고, 당연히 상위 개념이고. 기본권 중에 기본권이라는 거지.

늘 위태로운 상황에서 장사하는 만큼 긴장감이 높았지만,
규율만큼이나 단합도 강했다. 단속에 맞서 싸우고 막아 내면 얼
마간 장사를 하다가 다시 단속이 오는 식의 고비를 몇 번이나 함
께 넘었다.

건들고 건들수록 커졌지. 처음에는 서서 먹겠다고 이동형으로
두었는데 쫓아내려 해서 그러면 우리는 이동도 않겠다, 해서 눌
러앉은 거고. 우리를 또 쫓아내려고 하니까 우리가 어떻게 했느
냐, 테이블은 없이 의자만 몇 개. 대신에 천막을 친다든지 그런
건 없기로 하고(협상을 했지).

잠실포차에 천막이나마 두를 수 있게 된 것은 2002년 월드
컵 때였다. 월드컵을 앞두고 또다시 포장마차 철거를 시도하다가

결국 실패하자, 기왕이면 반듯하게 지어서 보기에 깔끔하면 좋겠다는 송파구와 롯데의 제안 때문이었다. 여러 약속을 거치며 천천히 잠실포차의 마지막 모습이 만들어졌다. 먹고살기 위해 마차를 붙들었던 상인들의 의지가 날마다 창의적인 싸움을 만들고 협상을 가능하게 했다.

잠실포차, 마지막 투쟁의 기억

2009년 3월, 롯데월드타워 건설 허가가 나자 퇴거 독촉이 본격화됐다. 언젠가는 일어날 일이라고 생각하고 있었지만 당장 먹고 살 일이 막막한 상인들에게는 시간이 필요했다. 21년간 가꿔 온 자리에서 공존할 방법은 없을까 고민하기 시작했다.

노점상들은 공사 기간 동안 공사가 이미 완료된 구간이나 아직 공사를 시작하지 않은 곳에서 장사를 하게 해주면 공사가 끝난 후 물러나겠다는 내용으로 협상을 시작했다. 조금 더 욕심을 부려 노천카페 같은 대체 부지에서 새 건물과 함께할 수 있다면 얼마나 좋을까 하는 바람도 있긴 했다. 거기에서 동고동락한 동료들과 계속 장사할 수 있다면 더할 나위 없었다.

몇몇 지역 언론사는 노점상들이 돈이나 상가를 요구한다며 잘못된 소문을 퍼트렸다. 하지만 돈으로 협상할 생각은 추호도 없었다. 돈 몇 푼 때문에 지난 세월 살아온 자존심에 스스로 생채기를 내는 건 그간의 삶을 저버리는 일이었다. 전투기 노선까지 바꿔 가며 123층짜리 빌딩을 짓겠다는 욕심이나, 이를 허가하는 정부의 태도에도 반감이 컸다. 정말 이렇게 사라져야 하는 걸까, 이대로 사라질 수 있을까.

노점상들은 망루를 짓고 싸움을 준비했다. 폐타이어와 기름통, 화염방사기까지 무섭다는 건 일단 다 끌고 들어왔다. 누구도 감히 앞날을 예측할 수 없었다. 어떻게 되든 마지막 싸움이 되리라는 것만은 알았다.

송파뿐만 아니라 신촌, 동대문, 강북의 노점상들도 너나없이 연대를 왔다. 이들은 무전기를 차고 순찰을 돌면서 기세를 높였다. 저쪽도 만만치 않았다. 하루는 롯데호텔을 올려다보는데, 롯데호텔의 옥상 위에 까마귀떼가 가득 앉아 있었다. 잠실에 까마귀가 많기는 하지만 저렇게 큰 까마귀떼가 있단 말인가. 눈살을 찌푸려 다시 보니 까마귀가 아니라 용역이었다. 호텔 위에서 잠실포차를 내려다보고 있었던 것이다.

태세를 갖추려고 노력했지만, 실은 순 엉터리인 부분도 많았다. 구해 온 화염방사기는 사실 사용법도 몰랐다. 무전기를 들고 순찰을 도는 이들도 노령의 여성들이 대부분이었다. 무전기 사용법은 알고 있었는지 여전히 의문이다. 무작정 이곳을 지키는 것이 능사도 아니었다. 생업을 버리고 달려온 노점상들에게 영원히 이곳에 머물러 달라고 할 수도 없는 일 아닌가. 김영진은 이때 "동물적으로" 싸웠다고 회상한다. 남은 체력도, 제대로 된 정보도, 참조할 과거도 없었다. 어떻게 싸워야 할지 확신은 없었지만, 원칙을 저버리지 않는다는 또렷한 습관이 그를 이끌었다.

협상이 이어졌지만 출구는 보이지 않았다. 20년간 잠실 풍경의 일부였던 잠실포차를 다른 곳에 다시 만들 수는 없는 노릇이었고, 롯데 역시 새로운 건물에 포장마차와 함께할 생각이 없었다. 자리를 반으로 줄여서라도 공사장 내 일부 부지에서 장사를 하겠다는 노점상들의 제안조차 거부하던 롯데는 타협안으로 공사 기간 동안 건설 노동자들의 식사를 제공하는 함바 식당 중 하나를 운영하는 안을 제시했다. 예상치 못한 제안이었지만 롯데가 10억에 계약한 용역이 들이닥칠 날이 당장 코앞에 와있었다. 제안에 응하지 않으면 큰 싸움을 피할 수 없고, 응하면 포장마차를 잃는다. 며칠간의 줄다리기 끝에 2010년 4월 5일, 포장마차를 철거하고 공사 기간 동안 함바 식당을 운영하는 것으로 협상이 타결됐다.

협상 내용에 대한 공증을 마치고 경찰의 입회하에 망루의 짐을 뺐다. 그런데 가지고 있으면서도 늘 불안했던 화염방사기가 보이지 않았다. 어디 갔나 찾고 있었더니 한 사람이 눈을 찡긋거렸다.

"정말 큰일 나면 안 되니까 김 선생 모르게 치웠지."

그는 울내미였다.

포차가 사라진 자리에서

모든 일을 마무리한 뒤 김영진은 노점상연합회 사무실로 돌아갔다. 문을 닫고 냄새나는 이불을 뒤집어쓴 채 혼자 나흘을 울었다.

다른 사람들이 중요한 건 빼라고 했지만 난 마차에 있던 물건을 하나도 챙기지 않았어. 모든 걸 여기에 묻자, 그런 생각이었거든. 마지막에 우리 마차 내주면서 대형 포클레인이 마차를 찍어서 훼손하는 걸 봤어. 그게 상처로 남은 것 같아. 협상 다 끝나고 공증되고 했으면 모든 것이 그걸로 정리가 되는 거잖아. 근데 그렇더라고. 돈으로 환산할 수 없는 그런 게 있잖아. 농민들에게 농토가 그렇듯이 나에게는 그곳이 그런 거거든.

포클레인은 마차를 푹 찍어 가볍게 넘겼다. 그의 전부였던 마차가 순식간에 부서졌다. 21년 세월이 눈앞에서 흩어졌다.

"그 꿈을 진짜 많이 꿔. 아직도 거기 가있는 것 같고."

21년간 떠난 적 없던 송파구 신천동 21번지. 김영진은 이제 그곳에 가지 않는다. 우연히 지나는 길이라도 저절로 고개를 반대로 돌리게 된다. 이제 서울에서 가장 화려한 빌딩이 서있지만 김영진에게 그곳은 여전히 잠실포차가 있던 자리이기 때문이다.

"반칙"의 이유

사람들은 흔히 노점상을 불법이라고 말한다. 사실 노점상을 불법으로 규정하는 법률은 없지만, 월세를 내지 않는다든지 소득이 정확히 신고되지 않는다는 점이 사람들에게는 '반칙'으로 여겨지는 모양이다. 적지 않은 사람들이 노점상을 미워한다는 것을 노점상들도 안다. 지난해 만난 한 노점상은 노점상이 나오는 뉴스는 보지 않는다고 했다. 그 내용이 무엇이든 불법이니 철거해야 한다는 댓글만 가득할 터라, 미움받이 처지가 부대껴 아예 뉴스 보기를 포기했단다.

　내가 만난 노점상들은 각자가 노점상이 될 수밖에 없는 이유가 있었다. 사업에 실패한 뒤 부모님을 간병하며 유일하게 할 수 있는 일이 노점밖에 없었던 청년, 아무런 직업 경력이 없다가 남편과 헤어진 뒤 먹고살 길을 찾으러 나선 여성, 기술이 있어도 취직할 곳을 찾을 수 없던 장애인, 그리고 티브이 브라운관을 수리하는 일을 하다가 더 이상 그 기술로는 먹고살 방법이 없어진 초로의 필부가 노점상이 된다.

하지만 도시의 발달에 따라 노점상의 숫자는 크게 줄어들었다. 서울시의 경우 2012년 9292개였던 노점상은 2020년 6079개로 34퍼센트 줄었다. 고급화된 도시에서 설 자리를 잃은 까닭이기도 하고, 장사가 안 돼 문을 닫은 이들도 많다. 서울시는 줄어든 노점상의 숫자를 성과로 보지만 노점조차 할 수 없게 된 사람들은 대개 더 어려운 처지가 된다. 노점상조차 될 수 없을 때 누군가의 생존이 불가능해질 수 있다는 사실이 좀 더 중요하게 다뤄진다면, 이 도시와 노점상이 함께 살 방법도 찾을 수 있지 않을까.

곱창집 사장님 김영진

굳은 얼굴에 말투가 똑 부러지는 위원장이었다. 말수는 적었지만 빈말이 없었다. 동료 활동가들은 뭐만 쓰면 틀린 맞춤법과 비문을 잡아내는 영 까다로운 위원장이라고 흉보곤 했지만, 거기엔 똑똑한 위원장이라는 자랑도 내심 담겨 있었다. 2012년부터 2년간 민주노점상전국연합 위원장을 지낸 김영진 이야기다.

2012년 3월, 서초구청 앞에서 서초구 노점상들의 집회가 열렸다. 핵안보정상회의 기간 동안 노점상 운영을 중단해 달라는 요청에 협조해 장사를 며칠 접었더니 그사이 구청에서 마차 자리마다 돌화분을 설치해 버렸기 때문이다. 당시 위원장 김영진은 집회 중 구청과 협상에 들어갔고, 우리는 협상 결과를 기다리며 집회를 열고 있었다. 그런데 김 위원장이 구청에서 뛰쳐나오더니 거칠게 마이크를 휘어잡았다.

저 자식들이요, 지금 우리를 바보 같다고 얘기했습니다. 생계를 뺏긴 주민이 여기서 외치는 말을 바보 같다고 비아냥거리는 놈들과 상대할 수 있습니까! 이대로 협상 진행 못 합니다! 모두 서초구청으로 쳐들어갑시다!

노점상들에 대한 행정 당국의 냉담한 태도와 무시는 어제오늘의 일이 아니었다. 1995년 봄, 장애인 노점상 최정환 역시 빼앗긴 배터리를 찾기 위해 서초구청을 찾았다가 묵살로 일관하는 담당자의 태도에 분개해 분신에 이르렀다. 김 위원장의 말이 노점상들의 가슴에 꽂힌 건 이런 고압적인 태도와 철거 위협에 시달려 온 일상 때문이었다. 노점상들은 즉시 담벼락과 꽃밭을 넘어 서초구청 마당으로 몰려갔다. 무엇보다 인상적이었던 건 너무나 야성적인 위원장의 외침이었다.

"바보 같다고요! 모욕 위에 약속이 있을 수 있습니까? 동지들, 담을 넘어 싸웁시다!"

그로부터 10년이 지난 2022년 6월, 인터뷰를 위해 그가 운영하는 곱창집을 찾았다. 오랜만에 만난 그의 얼굴은 동그라미가 되어 있었다. 도깨비 같은 눈썹이나 강한 눈빛은 눈가의 미소 주름에 가려 온데간데없었고, 어쩐지 눈도 코도 입도 모두 둥글둥글해진 느낌이었다.

곱창집 사장님 김영진은 이제 말투도 전혀 달랐다.

"여보세요오? 네에, 10분 뒤에 오쎄요오."

말끝을 부드럽게 굴리는 모양새가 꼭 어린 손주에게 꼼짝 못 하는 할아버지 같았다. 내게는 사뭇 낯설었지만 호랑이 같은 목소리로 구호를 외치던 모습이나 지금의 모습이나 어쩐지 양쪽 다 그답고 편안해 보였다.

1959년, 전주에서 태어난 그는 대학 졸업 후 노동법 강사가 되었다. 법대 학생장이었다는 이력을 들은 적이 있어, 나는 그가 노점상이 된 게 세상을 바꿔 보자는 어떤 풍운의 꿈이 있어서였을 것이라 지레짐작했다. 하지만 인터뷰 내내 그는 그렇게 멋진 이유가 아니라 단지 먹고살려고 한 일일 뿐이라며 손사래를 쳤다.

학창 시절 내내 그는 공부보다 노는 게 좋았다. 법대에 들어갔지만 사법고시엔 관심도 없었다. 졸업 후 그야말로 백수로 살다가 당시 신설된 노무사 시험 강사가 필요하다는 지인의 요청으로 노동법 강의를 시작했다. 강사로는 제법 잘나갔으나 공부도 제대로 안 한 처지에 남을 가르치는 일이 내키지 않아 그만두고 서울로 왔다. 뭘 해서 먹고살까 생각하다 찾은 곳이 가락시장이 었다. 가락시장 질서 요원, 지금으로 치면 청원 경찰이나 단속반 같은 일이 그가 서울에서 구한 첫 직장이었다.

당시 가락시장을 생각하면 정말이지 엉망진창이었다. 1989년 에 용산청과물시장이 철거되면서* 가락시장은 더욱 커졌다. 노 점상만 400~500명은 됐을 것이라 짐작한다.

그 당시에 가락시장이 진짜 장사가 너무 잘됐어. 성남이나 강남 엔 큰 재래시장이 없으니까. 용산에서 철거당한 사람들(노점상) 이 대거 왔어. 처음에는 시장이 형성이 안 되니까 노점을 단속하 지 않고 확 풀어놨거든. 명절에는 발 디딜 틈도 없었어. 어마어마 하게 몰려오니까 시장 내부에 비리가 말도 못했어. 경비들이 아 주 대장이야, 대장. 그냥 뒷돈 챙기면서 자리 좋은 데 심고. 아주 무법천지였지.…그 당시 (농산물·수산물·청과물을 취급하는) 각

* 이 자리에 현재 용산전자상가가 있다.
용산청과물시장에서 장사하던 상인과 노점상들은 당시
가락시장으로 이주했다.

잠실포차 김영진의 기억

법인마다 경비들이 다 깡패들이야. 쇠막대 질질 끌고 다니면서 지들 마음대로 하고, 말 안 들으면 구둣발로 차고, 지하실로 끌고 가서 두들겨 패고 그러던 시절이야.

질서 요원들과 노동조합을 만들려다가 실패한 그는 노점상이 됐다. 그리고 비리투성이인 관리공사와 노점상들을 농락하는 단속반원들과 싸우기 시작한다.

(문정동) 법조 타운이 그 당시에는 비닐하우스촌이었거든. 거기 가서 창립총회 비슷한 걸 하고, 일심회라고 가칭을 정했지. 조직 원들은 표시를 내야 된다 해가지고 그 당시에 (일심회라고 적힌) 모자를 쓰고 다녔어. 하하. 좌우지간 그렇게 탄력을 받기 시작해서 가락시장에서 먼저 경비들을 이기고 나니까 관리공사랑 담판을 지어야 했지. 그러고 나니까 사방팔방에서 가입 문의가 들어오더라고.

그러면서 외곽에 지부가 하나둘 쭉쭉 늘어나게 되는데, 단 한 군데도 싸우지 않고 생성된 지부가 없었어. 전부 가서 어떤 푸닥거리를 하더라도 단속반 용역하고 치고받고 구청 가서 치고받고 하면서 결성되다 보니 송파가 단단해진 거지. 싸움 없이 뭉쳐진 조직은 사실 사상누각이거든. 시간이 지나면서 타성에 젖고 했지만 그래도 나름 원칙을 지키려고 했어.

1989년에 그는 가락시장에서 자리를 옮겨 잠실지부 회원들과 함께 잠실포장마차를 세우고, 1991년 신천 새마을시장 투쟁으로 처음 징역살이를 한다. 노점상들 대부분이 여성인 새마을시장에 들어온 용역 깡패는 마구잡이로 폭력을 휘둘렀다. 사람을 거꾸로 들어 아스팔트에 메다꽂는가 하면, 중상으로 이어질 만큼 심각한 폭력이 이어졌다. 분한 만큼 싸움도 커졌다. 경찰은 당시 별다른 직책을 갖고 있지 않던 김영진을 콕 집어 죄를 씌웠다.

거리에서 고생하는 사람들을 생각하면 징역 정도야 담담히 받아들일 수 있었지만 견딜 수 없는 일은 따로 있었다. 첫 아이가 세상에 나온 지 16일 만에 구속됐기 때문이다. 오랫동안 기다린 아이여서 부인에게도 미안하고 작은 아가 모습이 매일 눈앞에 아른거렸다. 감옥에서 밥알을 조금 덜어내 창가에 두면 아침마다 비둘기가 날아와 먹으며 울었는데, 그리움 때문인지 그 구구구 소리마저 아기 울음소리로 들렸다. 그러고 있다 보면 분한 마음이 일어 매일 아침 징역방 창살 너머로 고함을 쳤다.

"야, 이 도둑놈들아! 하늘이 알고 땅이 안다!"

뜨거운 시절은 그 뒤로도 계속됐다. 잠실포차에서 일할 때도 사무국장, 지역장, 위원장을 번갈아 하며 바쁘게 살았다. 잠실

포장마차를 그만둔 이후에는 김밥집, 실내포차를 운영하면서 잠실포차 시절의 주 종목인 곱창으로 돌아오기까지 10년의 시간을 보냈다. 요새는 그 시간 동안 고단했을 가족에게 미안함이 밀려온다. 잘 살았던가, 이제는 회한이 일기도 한다.

하지만 그의 곁에는 함께하는 사람들이 있었다. 명동성당 농성부터 꾸준히 함께해 온 영원한 지부장 울내미와 "내가 기침하면 저쪽에서 벌써 독감 걸려 있는" 동지 김홍현 같은 사람들이 있어 여기까지 왔다. 또 길 위의 포장마차는 단지 노점상만의 것이 아니었다. 잠실포차는 철거를 하러 오는 용역 깡패조차 단골손님이 되는, 그곳을 오간 모든 사람들의 것이었다. 송파 지역 시민사회 단체와 노점상 동료들, 정겨운 손님들 모두가 김영진의 벗이고 길이었다.

중간중간 싸움이 있을 때마다 진짜 우군이 되었던 게 손님들이고. 우리를 단속했던 롯데 직원들, 우릴 단속했던 송파구청 직원들. (포차 사라질 때) 걔들도 눈물 흘린 애들 많아. 롯데 같은 경우에는 보안 요원들이 단속을 몇 년간 한 거 아냐. 우리한테 많이 맞기도 하고 욕도 뒤지게 먹고. 하하. 우리가 "너거들은 참 속도 없다" 그랬어. 밤엔 또 웃으면서 술 마시러 오고 그러니까.

이야기를 마치면서 김영진은 자신이 털어놓은 이야기가 어딘가 잘못된 것 같다며 고심했다. 자신의 비겁한 점, 잘못한 일들, 그런 걸 생략하고 말한 것 같은데 그렇게 되면 영 틀린 얘기가 되어 버린다는 것이었다. 혹시 스스로를 영웅적으로 말한 건 아닐까? 우리가 겪은 일을 마치 무용담처럼 얘기한 건 아닐까? 집행부들의 지적처럼 그는 퇴고에 꼼꼼한 사람이었다.

누구나 그렇듯 김영진에게도 실수와 잘못, 비겁한 일들이 있었을지 모르겠다. 하지만 그의 삶에서 몇 개의 성공과 몇 개의 실수보다 더 중요한 것은 노점상이 되었다는 사실이 아닐까. 어떻게 먹고살 것인가의 기로에 설 때마다 가장 약하고 평범한 사람의 자리를 자신의 자리로 삼은 선택이 오늘의 김영진을 만들었다.

그는 현장 회원들의 목소리가 조직의 의사 결정에서 가장 중요한 지위를 차지해야 한다고 늘 강조한다. 단순해 보이는 이 말을 실천하기는 생각보다 복잡한데, 세상에 맞서 싸우는 사람들조차 자신이 비판하는 세상과 어느 정도 닮아 있기 때문이다. 무수한 싸움이 남긴 한 줄 역사 뒤에는 서로를 의젓하게 만드는, 세상을 바꾼다는 벅찬 감정뿐만 아니라 크고 작은 성공과 실패, 쩨쩨하고 평범한 이기심이 복잡하게 얽혀 있다. 그 모든 순간을 함께한 그는 이 난해한 세상을 홀로 탈출하지 않고 곱창집을 지키는 평범한 삶으로 무사히 돌아갔다.

민주화의 거리는 누군가에겐 출세의 든든한 씨앗이었다. 그러나 인생에서 수많은 실패와 작은 성공만을 쌓으며 언제나 겨우 살아야 했던 사람들은 흔히 보통이라 여겨지는 궤도와 조금 어긋난 형태로 세상에 불을 지폈다. 그리고 이들이 만들어 낸 새로운 규칙이야말로 민주주의의 외곽을 확장한 진짜 힘이었다. 자신의 삶으로 세상과 불화하며 없던 길을 만들어 낸 사람들 모두에게 경의를 보낸다. 그중 한 사람, 김영진 역시 그 경의를 받아 마땅하다.

서초구청 앞에서 열린 집회에 참석한 노점상(왼쪽)과
발언 중인 김영진 위원장(오른쪽).
2012년 3월.

잠실. 2022년.

청계천에서 바라본 동대문시장. 2025년.

열두 번째 산책

동대문

의류 도매상
김소연의 기억

청계천을 따라 동쪽으로 걸으면 동대문시장을 만난다. 청계천 북쪽의 동대문(흥인지문), 남쪽의 동대문디자인플라자도 유명하지만 '동대문' 하면 가장 먼저 떠오르는 것은 단연 의류 시장이다. 평화시장과 청평화, 신평화, 동평화로 이어지는 종합시장가가 청계천을 따라 형성돼 있고, 남쪽엔 두타, 밀리오레, 헬로 에이피엠으로 이어지는 소매시장가가 있다. 행정구역상 종로구와 중구 일대에 운집한 이들 상점이 '동대문'시장으로 인식되는 이유는 옷과 천, 부자재를 파는 상점들이 전국 최대 의류 상가, 동대문시장의 핵심을 이루기 때문이다.

동대문시장의 역사는 오래됐다. 조선시대에는 저렴한 생활용품을 파는 배오개장이었다. 1894년 갑오개혁으로 금난전권이 폐지되며 배오개와 동대문 지역에 포목 상가들이 생겨났다. 1905년 한성부의 시장 개설 허가로 '광장 주식회사'가 경영을 맡으며 동대문시장은 남대문시장과 더불어 서울의 양대 시장이 되었다. 1961년 평화시장이 생겨나 도매 상가가 급격히 늘어나고 중저가 의류 산업의 중심지가 되었다. 동대문시장의 풍경이 다시

의류 도매상 김소연의 기억

한 번 변한 것은 1998년, 밀리오레가 개장하면서다. 의류를 제작하거나 도매로 유통하는 상가가 중심이던 동대문의 서쪽 지역에 소매 상가들이 문을 열면서 새로운 활기가 더해졌다.

밀리오레가 문을 연 1998년, 중학생이었던 나는 동대문 새벽시장에 가고 싶어서 며칠이고 부모님을 졸라 댔다. 동대문 새벽시장에 간다는 건 단지 옷을 사러 가는 게 아니라 가장 빠른 유행 속으로 들어가는 일이었다. 밀리오레 앞에는 작은 무대가 있었는데, 아마추어 댄스 경연 같은 것이 곧잘 열렸다. 이 작은 무대에 누가 서는지가 이슈가 될 정도로 동대문은 모든 유행의 첨단이었다. 동대문 새벽시장에는 특유의 활기가 있었다. 상인들은 커다란 검은 가방을 들고 바쁘게 움직였고 상가 앞에는 전국 곳곳으로 흩어질 대형 버스들과 밤새 일하는 사람들의 시장기를 채워 주는 포장마차가 즐비했다. 동대문운동장의 동쪽에 밀집한 도매 상가에선 일반 소매 구매자는 상대해 주지 않았다. 그래도 나는 도매 상가가 좋았다. 큰 가방을 짊어지고 성큼성큼 걷는 사람들과 "비켜요"를 외치며 뛰어다니는 지게꾼, 가격을 협상하는 빠른 목소리들이 만들어 내는 분위기 때문이었다. '깔'별로 '미송'을 잡는 사입업자들*의 알쏭달쏭한 대화를 듣고 있으면 미지의 생활 세계를 엿보는 듯 가슴이 두근거렸다.

1973년생 김소연은 바로 그 미지의 세계에 속한 사람, 동대문시장 덕운상가의 도매상인이었다. 재수생이던 스무 살, 첫 아르바이트로 옷 가게 매니저 일을 시작해 광희시장에서 장사하는 법을 익혔다. 처음엔 4000원, 5000원짜리 옷을 팔았지만, 도매가 5만 원, 10만 원 하는 여성복 파는 방법을 터득하자 자신감이 생겼다. 알바로 번 돈을 모아 덕운상가에서 도매상을 하던 아버지 옆에 1993년, 자신의 매장을 열었다. '이쪽 세계'에 눈이 뜨이니 장사가 제일 재밌었다. 학교로 돌아가는 대신, 늦은 오후 문을 열어 아침까지 일하는 동대문의 시간표대로 사는 삶을 시작했다.

그중에서도 김소연은 가장 길게 일하는 축에 속했다. 마찬가지로 덕운상가 상인이었던 남편을 만나 1996년, 결혼을 하고 가게를 합쳤다. 부부는 두 아이를 낳고 기르며 밤낮을 이어 달리듯 일했다. 함께 장사를 하다가 밤이 되면 혼자 집에 돌아와 아이들을 돌보고, 아침에 유치원까지 보낸 후 도시락을 싸서 가게로 출근했다. 그제야 밤새 일한 남편은 퇴근을 하고 소연은 부족한

• 사입仕入은 일본어에서 유래한 말로 소매 판매를 목적으로 도매시장에서 상품을 구매하는 일을 뜻한다. '깔'은 상품의 색상, '미송'未送은 제품이 나오기 전에 미리 구매하는 것을 뜻한다.

잠을 보충하기 위해 가게에서 쪽잠을 자다 오후가 되면 다시 장사 준비를 시작했다. 동대문 장사꾼이라면 누구나 그랬다. 홍인·덕운상가*가 재건축에 들어간다는 소식이 처음 나온 건 2000년이었는데 상인들의 반대로 한차례 좌초됐다가 2005년, 다시 재건축 이야기가 들려오기 시작했다. 상인들에겐 날벼락이었다. 수천만 원에서 많게는 1억씩 하던 권리금을 전혀 회수하지 못할 뿐만 아니라, 평생을 일궈 온 상권이 사라진다는 뜻이었다. 특히 집적 상권의 중요성이 큰 도매상들의 경우 재건축이 가져오는 피해는 막심했다. 그해 여름 철거민대책위원회(이하 '철대위')가 만들어지자마자 275명이 득달같이 가입했다.

우리 3층 기준으로 하면 상가가 매점까지 127개였고, 아마 층별로 그 정도 있었을 거야. 홍인시장은 조금 더 커서 190 몇 호 정도, 지하 2층까지 있었으니까 더 많았고. 홍인·덕운 합해서 총 11층이었어. 그쪽은 소매 장사고 우리는 도매 장사였거든. 하지만 철대위 가입자 중 대부분은 우리 덕운상가 3층 도매상들이었어.

---

* 덕운상가는 방화문을 사이에 두고 홍인상가와 이어진 니은자 모양을 하고 있어 홍인·덕운상가라 불렸다.

사업시행 인가가 나기도 전에 이렇게 많은 사람들이 철대위에 가입한 것은 유례없는 일이었다. 하지만 재건축을 추진하는 조합의 속도도 빨랐다. 흥인·덕운상가에는 상가 관리단이 있었다. 관리단은 평소에도 알 수 없는 명목으로 온갖 수수료를 부과했는데, 상가 재건축을 기획한 '동대문 중부상권시장 재건축 조합'의 핵심 동력도 바로 이들이었다.

개발의 첫 단계인 사업시행 인가를 막아야 한다는 생각에 김소연과 동료들은 관리단 사무실을 점거하기로 마음먹었다. 전철연에서는 여성이 대부분인 흥인·덕운상가 철대위가 관리단 사무실을 점거하는 건 너무 위험하다고 만류했지만, 같은 건물 옥상에 있는 사무실에서 우리를 쫓아낼 궁리를 하고 있다고 생각하니 너무 화가 났다. 점거를 계속하진 못해도 며칠이라도 쓰지 못하게 만들어 봐야겠다는 생각에 머리를 짰다. 그리고 군자교 쪽에 '똥'을 파는 가게가 있다는 것을 알게 된다. 똥칠이라도 하면 며칠 사무실을 못 쓰지 않을까? 마지막 기회라고 생각하고 그걸 사러 갔다. 그사이 상인들이 옥상과 계단을 막고 서 관리단의 사무실 출입을 봉쇄했고, 건물 1층에서는 친하게 지내던 지게꾼 아저씨 셋이 똥을 나르기 위해 대기하고 있었다. 똥을 날라 주겠다는 트럭은 없을 터라 아는 삼촌에게 트럭을 빌려 군자교로 향했다. 세 통의 똥을 결제하려는 그때, 전화가 걸려 왔다.

"오늘은 사업시행 인가 신청 안 한대. 일단 그냥 돌아오는 게 좋겠어."

재개발이 시작된 이후 누군가는 조합 측, 누군가는 철대위로 입장과 처지가 갈렸지만 모두가 오랜 시간 장사를 함께해 온 이웃이었다. 관리단·조합 측과 친한 상인들의 회유에 농성은 쉽게 풀어졌다. 김소연은 오늘보다 더 결정적인 날을 다시 노려 보자 생각했다.

하지만 그날 밤 관리단은 옥상으로 향하는 계단에 사각 파이프를 덧대고 용접해 버렸다. 그날 이후 한 번도 관리단 사무실에 가지 못했다. 김소연은 그날이 못내 아쉽다. 당시 홍인·덕운 철대위는 공사 기간 동안 대체 상가를 마련하고, 공사 완료 후 재입점이 가능하게 해달라고 요구하고 있었다. 법이 이를 보장하지 않는 한 새로운 합의를 이끌어 낼 수 있는 힘의 지렛대가 필요했지만, 두 번째 기회는 없었다. 혹시 점거에 성공했다면 협상 테이블을 열 수 있지 않았을까? 무르디 무른 우리의 심성과 태세가 일을 그르친 건 아닐까? 중구청은 상인들의 항의를 의식해 인허가를 미루는 듯했지만, 2005년 12월 사업시행 인가 이후 불과 5개월 만에 관리처분 인가를 내주었다. 이미 다 준비가 되어 있었구나, 이렇게 당하는 거구나 싶은 날이었다.

관리처분 인가가 떨어지자 상황은 더 무서워졌다.

출근을 하니까 1층부터 용역이 서있었어. 까만 양복 입고 1층에는 두 줄로, 2층에는 세 줄로, 3층에는 네 줄로. 계단이 넓었는데도 그러고 있으니까 걔네들이랑 어깨를 부딪치면서 들어가야 하는 거야. 3층 사람들이 드세다는 생각이 드니까 우리한테 더 겁을 주려고 한 거겠지? 그때 정말 미웠지. 우리가 옥상만 못 쓰게 막았어도….

관리처분 인가가 났지만 명도 소송이 끝날 때까지 상인들을 강제로 끌어낼 수는 없었다. 대신 관리단은 다른 식의 강제 퇴거를 시작했다. 손님이 오면 열 명씩 두 줄로 서서 지나는 길을 막았다. 상인들도, 손님들도 발길이 끊겼다. 김소연은 문 열기를 포기한 가게의 셔터를 올리고 물건을 대신 팔아 가며 상가를 유지해 보려 했으나 무너지는 것은 시간문제였다. 몇몇 단골들은 전화로 주문을 해줬지만 그것만으로 장사를 유지할 순 없었다. 명도 소송은 이듬해까지 계속됐지만, 이미 장사는 어려웠다.

관리단은 보상 금액을 알려 주겠다고 상인들을 하나씩 사무실로 불렀다. 들어가 보니 큰 사무실 한가운데 덩그러니 책상이 놓여 있었다. 덩치 큰 용역들이 책상을 에워싸고 사인을 하지 않으면 한 푼도 못 받을 줄 알라며 으르렁거렸다. 관리단과 친한 사람들은 보상금을 좀 높게 책정하고, 각 라인마다 조장을 뽑아 한

가게를 내보낼 때마다 300만 원씩 보상금을 올려 주겠다고 회유했다. 상인들 사이에 긴장감이 돌았다.

그래도 김소연은 싸움을 멈추지 않았다. 오히려 마음을 어지럽히던 분노의 정체가 명확해졌다. 합심해서 장사하던 사람들을 찢어 놓는 개발사업이, 누군가는 조장이 되어 이웃 상인을 쫓아내려 악다구니 치는 현실이 분했다. 시공사가 지질조사를 왔을 때는 땅을 파는 시추기에 매달렸다. 상가 문을 잠그고 못 들어오게 할까 봐 밤이면 상가 유리문 사이에서 잠을 잤다. 건물을 쓸고 닦던 상인들이 사라지자 상가는 순식간에 폐가처럼 변해 버렸다. 침낭을 깔고 누워 있으면 쥐들이 지나가며 눈을 마주쳤지만 무섭지도 않았다. 철거 투쟁을 먼저 시작한 것은 남편이었지만, 어느새 김소연의 몫이 되어 있었다. 남자들은 개발의 부당함을 알면서도 관리단이나 상인회와 맺어 온 '형님 동생' 관계에서 좀처럼 빠져나오지 못했기 때문이다. 남편이 못 미덥던 여자들이 철대위의 중심에 섰다.

김소연의 숲

김소연에게 가게는 그저 덕운상가 3층 103호가 아니었다. 손님이 뜸하던 시절, 김소연과 젊은 상인들은 연세가 있는 상인 분들을 대신해 상권을 살리기 위해 스스로 영업시간을 늘리고 더 많은 상품을 비치했다.

24시간이 부족한 매일매일을 살 때 친구 김은희가 큰 힘이 되었다. 같은 동네에 살고, 같은 상가에서 장사하며 같은 또래 아이들을 함께 키우는 처지였다. 밤이면 김소연의 남편이 김은희와 함께 동대문에 출근하고, 아침이면 김은희의 남편과 김소연이 아이들을 씻기고 먹여 학교에 보냈다. 네 명의 아이들을 차 뒷자리에 태우고 한입씩 돌아가며 밥을 먹일 때면 입을 쪽쪽 벌리는 모양새가 꼭 제비집을 싣고 다니는 것 같았다. 유치원이 끝나면 시장으로 네 명의 아이들이 도착했는데, 하루는 김소연이, 하루는 김은희가 돌아가며 아이들을 돌봤다. 재건축이 무너뜨린 것은 바로 이런 일상이었다.

(가게를 열 때) 보증금은 2000만 원밖에 안 되는데 1억이 들어갔어. 그때 권리금 시세가 엄청나서 2000만 원 빼놓고는 다 권리금이라고 생각하면 돼. 우리 김은희는 가게 보증금이 500이야. 근데 권리금을 9500 해서 1억을 주고 들어온 거지.* 그렇게 만

---

* 김은희는 가게를 연 지 겨우 1년 만에 개발을 통보받았다.

든 가게를, 영업 보상금이라고 준다고 한 게 2700만 원이었어. 그러니까 억장이 무너졌지. 내 돈 1억.

우리 첫애가 1997년에 태어났잖아. 임신한 상황에서도 보증금이랑 권리금에 들어간 돈 메꾸려고 애기 낳기 전전날까지 장사를 했어. 처음엔 일수를 찍어서 이자도 많이 나갔어. 일수를 하루에 30만 원 찍었는데, 이 30만 원을 벌기 전까지는 집에를 안 갔다니까. 배는 불러 가지고 낮부터 밤까지 장사를 했으니까…그러다 피가 나고 유산기가 보인다고 해서 병원에 잡혀가서 3개월 있다 나오기도 했고. 장사를 하다 보니까 중간에 애기를 하나 놓치기도 했어. 그래서 우리 애기 둘이 3년 터울이야… 그렇게 애착을 쏟은 가게였어. 근데 그 가게를 개발한다고 하니 어땠겠어.

김소연에게는 또 다른 제비집이 있었다. 재단을 하고 미싱을 박던 열두 명의 면목동 공장 청년들이다. 덕운상가가 어느 곳보다 빠르고 저렴하게 물건을 공급할 수 있었던 것은 이렇게 직접 공장을 운영하면서 마진을 낮춘 덕분이었다. 덕운상가 3층의 도매상점들은 대부분 그런 식으로 운영됐다.

천을 어떻게 재단하느냐가 문제거든? 그냥 공장에 맡기면 같은 원단을 써서 100장밖에 안 나와. 근데 우리는 재단을 잘해서 150장을 만드는 거지. 원가가 내려갈 수밖에 없는 거야. 거기다 내 마진은 조금만 잡아서 싸게 파는 거지. 그러니까 하루에 몇 백 벌어도 사실 노동자 공임이 대부분이라 남는 건 크지 않아. 하지만 우리가 물건을 만들지 못하면 우리 공장 아이들 일자리도 사라지고, 거래처들도 다 일거리가 끊기고 하는 거지. 내가 그때 공장 정리할 때 진짜 가슴이 많이 아파 가지고….

가게를 닫는다는 것은 공장도 닫아야 한다는 뜻이었다. 천을 떼고, 실키를 입히고, 부자재를 구입하고, 색깔과 사이즈별로 필요한 수량을 결정하는 복잡한 일을 김소연은 모두 직접 했다. 십수 년을 해왔지만 계속 배워야 하고, 때로는 손해조차 감수하는 단호함이 필요했다. 동대문의 복잡한 의류 생태계는 이런 방식을 잘 알고 있는 장사꾼들과 배후 지역의 생산자들이 엮어 낸 것이었다. 그 안에 내 자리를 만드는 것은 혼자만의 노력으론 불가능하다. '상권'이란 그저 비슷한 업종의 합이 아니라 그들이 함께 보낸 무수한 시간과 인연을 의미했다. 그래서 김소연은 개발로 인해 무엇보다 공동체를 잃었다고 생각한다. 매년 봄가을이면 가게 문을 일제히 닫고 함께 야유회를 가던 상인들, 시골에서 상경한 갓 스물이 넘은 면목동 공장 노동자들과 수많은 거래처 목록은 김소연이 평생을 바쳐 일군 숲이었다. 일방적인 재개발 계획과 그로 인한 퇴거 조치는 '일시 정지'가 아니라 소연의 숲이 불타는 시간이었다.

2007년 9월부터 공사가 시작됐다. 김소연과 철대위 사람들은 공사장에서 계속 투쟁을 이어 갔다. 그런데 2009년 1월 20일 용산 남일당에서 투쟁 중이던 동지 다섯이 목숨을 잃었다. 모두 김소연이 아끼던 사람들이었다. 특히 술 좋아하고 사람 좋아하던 윤용헌은 말도 잘 통하고 서글한 사람이었다. 이들이 죽어 버렸는데 내 투쟁에만 매달릴 순 없었다. 시신이 있는 병원을 지키고, 남일당을 지키는 사이 355일이 흘렀다. 355일 만에 돌아온 흥인·덕운상가 자리에는 '맥스타일'이라는 휘황한 건물이 들어서 있었다. 275명이던 철대위는 점점 줄어들다 결국 세 사람만 남게 됐다. 장사꾼들은 장사를 해야 살기 때문에 원망은 없다. 다만 그때 우리가 대체 상가를 얻어 냈다면 재건축으로 쫓겨나는 상인들에게 좋은 선례가 되지 않았을까…김소연은 여전히 아쉽다.

남은 제비집

2019년 아현동 철거민 박준경의 죽음 이후 꾸려진 마포구청 앞 농성장에서 "사람이 죽었는데 도대체 뭐가 해결인데"라고 따져

묻던 사람이 바로 김소연이다. 김소연은 좀처럼 말을 길게 하는 법이 없다. 뚝 떨어지는 말투와 행동은 때론 그를 차가운 사람으로 보이게도 한다. 김소연의 '장사 시절' 이야기를 듣다 보니 어쩌면 그의 말투는 말보다 정확한 계산이 중요한 도매 장사꾼으로 살아온 일생의 흔적일지도 모른다는 생각이 들었다. 도매상인들은 왜 소매 소비자를 상대해 주지 않는 걸까? 나의 순진한 질문에 몇 가지 이유를 설명해 주며 소연은 소매상인들이 옷 한 벌에 돈을 더 받는 이유는 '말값'도 있다고 덧붙였다. 한 명의 손님에게 잘 어울리는 옷을 골라 주면서 나누는 대화 전체가 상품 가격에 포함되는데, 조금 싸게 줄 수 있다고 해서 말값을 치르지 않는 도매상들이 소매상들의 몫을 빼앗는 것은 옳지 않다는 뜻이었다.

소매시장인 서쪽 시장과 도매시장인 동쪽 시장, 소매와 '땡처리'가 섞인 홍인시장과 도매 중심의 덕인시장은 엄연히 다른 시장이지만 서로 연결돼 있었다. 티셔츠를 주로 취급하는 업장에서는 옆 가게의 바지 중 잘 어울릴 만한 것을 소개해 주며 서로 돕는 것이 예사였다. 소연은 장사를 하면서 혼자 싸게 팔아 시장을 독점하는 것보다, 함께 상권을 키우는 게 오래가는 길이라는 걸 배웠다. 가게들 사이의 느슨한 연결과 소규모 생산을 통한 빠른 공정이 동대문의 독특한 매력의 근간이었다. 경쟁과 협력의 줄다리기 끝에 겨우 만들어진 산업 생태계는 드물고 귀한 것이었다.

김소연은 개발로 상인들이 쫓겨나고 상권이 해체되면서 의류 생산 기지와 기술이 중국으로 이전하는 과정을 모두 지켜보았다. 패턴과 미싱 기술자들이 중국으로 넘어간 뒤에야 정부는 패션 산업을 육성하겠다며 패턴실을 내주겠다는 둥, 디지털 마케팅 교육을 하겠다는 둥 수선을 떨었다. 사람들은 개발이 아니었더라도 공장과 가게를 운영하는 도매상인으로 살아남긴 어려웠을 거라 생각하겠지만, 소연은 그래도 만약 시간이 좀 더 주어졌다면, 동대문에서의 일상이 중단되지 않고 흘러갈 수 있었다면, 새로운 방식으로 적응하지 않았을까 하는 상상도 해본다. 흥인·덕운상가 자리에 들어선 맥스타일은 개장한 지 10년이 넘었지만 공실률이 50퍼센트에 달한다. 분양 당시엔 수백만 원의 임대 수익을 기대할 수 있다는 광고가 넘쳐 났지만, 아무리 건물이 멀끔해진들 수십 년간 자리를 일궈 온 상인들의 공들인 시간을 대체하진 못했다. 밀려난 사람들이 잃어버린 시간의 총합은 얼마일까? 소연의 잃어버린 시간은 한 번도 개발 손익에 셈해진 적이 없다.

개발은 진짜 인생을 송두리째 뽑아 버리는 문제라고 생각해. 내가 가게 만드는 데 10년이 걸렸다면 그 10년이 도로아미타불 되는 거야. 최소한 다시 10년을 해야 찾을 수 있는 거지. 그래도 못 찾을 가능성이 크고⋯개발이 무너뜨린 게 내 가게일까? 아니야,

마석 모란공원 용산 참사 열사 묘역에서 김소연.
2024년 1월 20일. ⓒ 빈곤사회연대

의류 도매상 김소연의 기억

인생인 거 같아. 사람의 인생이, 진로가 바뀌어 버리잖아.

개발로 무너지는 삶들을 본 김소연은 철거 현장을 떠나지
못했다. 흥인·덕운상가도, 맥스타일도 떠났지만 그는 전철연 집
행부로 여전히 곳곳의 철거민들 곁에 있다. 실제 개발은 어떤 절
차를 밟아 이루어지는지, 집회 신고는 어떻게 하는지, 언제 어떻
게 싸워야 효과적인지, 분하다고 마음 가는 대로 행동하다가는
특수공무집행방해며 주거침입 같은 전과가 생기는 세상을 어떻
게 상대해야 하는지 상담하고 알려 준다. 그에게는 여전히 키워
야 할 제비집이 많다.

축구장의 노점상들

동대문운동장은 흥인·덕운상가 바로 옆에 있었지만, 2004년 청
계천 노점상들이 동대문운동장으로 이전하던 광경을 김소연은
기억하지 못한다. 철거를 겪기 전에는 늘 가게 안에 있었기 때문
이다. 그런 그에게 동대문운동장의 노점상들은 '소리'로 남아 있
다. 신설동으로 다시 나가라는 서울시에 맞서 카랑카랑 외치던
'투쟁!' 소리. 단단한 기운이 물씬 풍기는 외침이었다.
　　동대문운동장은 1925년에 지어진 최초의 근대식 운동장이

다. '경성운동장'이라는 이름으로 개장한 이곳은 2만5000명의 관람객을 수용할 수 있는 규모로 아시아에서 두 번째로 큰 운동장이었다. 1945년 해방 이후 서울운동장으로 이름을 바꾸었고, 한국 고교 야구의 불타는 시간이 이곳에서 흘러갔다. 서울 아시안게임과 서울올림픽을 위해 잠실종합운동장이 완공되면서 1985년, 서울운동장은 동대문운동장으로 이름이 바뀌었고 스포츠의 중심도 잠실로 이동했으나 그 이후에도 여기 입점해 있던 스포츠 상가들을 비롯한 오래된 가게들은 계속해서 그 자리를 지키며 서울 시민과 역사를 함께했다. 그리고 2004년 1월, 청계천 복원 사업을 하던 이명박 서울시장은 청계천 일대 노점상을 동대문운동장의 축구장으로 몰아넣었다. 이미 축구장은 주차장으로 쓰이던 때였다.

청계천에서 쫓겨난 노점상들이 축구장을 채우자 이름은 '동대문 풍물시장'으로 바뀌었다. 900명이 넘는 노점상들에게 축구장의 절반만 내준 결과 앉을 공간조차 찾기 힘들었고, 차양막 같은 기반 시설조차 상인들이 십시일반 돈을 걷어 해결해야 했다.• 청계천 골목 곳곳을 채우고 있던 노점상을 축구장 하나에

• 최인기, 「동대문 풍물 벼룩시장 현안과 과제」, 『토론회: 동대문운동장 철거, 무엇이 문제인가』(2007/03/14).

의류 도매상 김소연의 기억

쏟아 놓은 모습이 처음엔 어색하기도 했으나 어느덧 서울의 이색적 풍경으로 자리 잡았다. 그러나 2006년 7월 오세훈 서울시장이 취임하자 상황은 또 바뀌었다. '세계적인 풍물시장으로 만들어 주겠다'던 이명박의 약속은 파기되고, 오세훈 시장은 "불법 노점상 출신" 운운하며 축구장으로의 이전이 한시적 조치였다고 일축했다.•

그리고 서울시는 동대문운동장을 철거한다는 계획을 발표했다. 이 소식에 노점상만큼 분개한 것은 스포츠계였다. 2006년 10월 25일, 한국프로야구선수협회, 전국대학야구감독자협의회를 비롯한 야구인들은 '101년 야구 성지를 없애지 말라'는 동대문운동장 철거 반대 성명을 발표했다.•• 같은 해 12월 4일엔 한국프로야구선수협회가 '동대문운동장 수호 범체육인 기자회견'을 열고, 동대문운동장에서 철거 반대 시위를 벌였다.••• 2007년 8월, 체육시민연대와 문화연대, 빈곤사회연대, 전국노점상총연합,

---

• 동대문운동장 철거 반대와 보존을 위한 공대위,
「동대문운동장 철거 반대 및 보존을 위한 100인
선언문」(2007/08/20).
•• 「야구인들, 서울시 동대문야구장 철거 반대 성명」,
<OSEN>(2006/10/26).
••• 「동대문구장 없어지면 아마 경기 어디서 하나」,
『스포츠경향』(2006/12/04).

프로야구선수협의회 등 9개 단체는 동대문운동장 철거에 반대하는 공동대책위원회를 구성하고 스포츠 시설도 문화재로서의 충분한 가치를 갖고 있음을 강조했다.•¯그러나 그해 12월 13일, 서울시는 기습적으로 철거를 시작했다.

동대문운동장으로서는 82년 만의 첫 철거였으나 노점상 입장에서는 5년 만에 겪는 두 번째 철거였다. 하루 벌어 하루 먹고 사는 이들의 처지로는 있는 힘껏 싸운다 해도 영원히 싸울 순 없는 노릇이었다. 서울시는 상인들과 신설동으로의 이주를 합의했다고 밝혔으나 이럴 수도 저럴 수도 없는 이들이 다시 신설동으로 몸을 우겨넣었을 뿐, 동대문이 없어져도 된다는 데 합의한 사람은 없었다.

파묻혀 있던 역사 유적도, 최초의 근대 체육 시설이라는 문화적 가치도, 노점상과의 약속도 지워 버리고 서울시가 만든다고 한 것은 '동대문디자인플라자'였다. 디자인과 플라자, 동대문이 합쳐진 이름의 건물이 어떤 쓸모인지는 아무도 몰랐지만, 유명한 건축가가 설계를 한다는 것과 엄청난 돈이 들어간다는 뉴스가 전해졌다. 철거 이후 공사가 한창이던 2009년, 동대문운동장 부지

• 「서울시가 스포츠인을 얼마나 깔보는지…」, <프레시안>(2007/10/30).

의류 도매상 김소연의 기억

에서는 옛 모습을 간직한 성곽뿐만 아니라 이간수문과 치성雉城
이 발견됐다. 추정만 무성했던 치성을 실제 확인한 것은 처음이
었다. 이는 조선의 성곽과 도시의 모습을 보여 주는 중요한 발굴
이었으나 서울시는 멈추지 않았다. 이간수문과 치성을 동대문디
자인플라자 옆으로 옮기고, '동대문역사문화공원'이라는 이름을
다는 것으로 '역사성을 남겼다' 강변했다.

　신설동 서울풍물시장은 너무 좁은 면적 때문에 상인들의 환
영을 받지 못했으나, 그곳에도 이제 20년 가까운 시간의 더께가
쌓였다. 청계천 시절부터 장사를 해온 이들의 업력은 40년, 50
년, 때로 60년에 이른다. 그러나 신설동 이주를 거부한 이들도
있었다. 서성철은 청계천의 노점상 철거와 동대문운동장에서의
날들을 또렷이 기억한다. "정말 무서웠지. 새까맣게 뭐가 있어서
자세히 보니까 다 사람이었다니까." 노점 철거에 동원된 수천 명
의 용역들과 좁은 동대문운동장에 갇혀 있던 혼란스럽기만 했던
시간들. 또 떠밀리고 싶지 않았던 그는 신설동으로의 이주를 거
부하고, 전국의 전통시장을 떠돌며 장사를 하다가 2019년부터
서울역에서 거리 생활을 시작했다.

　서성철은 가끔 자문한다. 왜 이렇게까지 상황이 나빠졌을까.
명확한 원인을 특정하긴 어렵다. 동대문운동장을 떠난 후 장사할
자리를 잡기 어려웠고, 소득이 줄어들자 집을 유지하기 어려웠으

며, 너무 낡아 살 엄두도 나지 않았지만 물건이라도 보관할 요량으로 빌려 두었던 곳의 계약이 끝나고 나니 다음 공간을 찾을 수 없었다. 그러다 결국 장사를 접기까지 벌어진 일련의 사건들은 순서대로 기억하기도 버겁다. 개발과 철거는 아주 긴 시간에 걸쳐 서성철의 삶에 영향을 끼쳤다. 단골을 잃고, 동료를 잃고, 친구들과 멀어지며 그는 점점 더 빈곤의 수렁 속으로 빠져들었으나 그것은 그저 서성철의 실패였지 개발과 철거의 결과라고 여겨지지 않았다. 서성철과 같은 사람은 몇 명이었을까, 모두 어디로 갔을까.

청계천과 동대문 철거를 통해 서울시는 기존의 노점상들은 한 공간에 묶어 두고 새로운 노점은 억제하겠다는 의도를 관철했다. 20년이 흐른 지금 서울시의 실패는 자명하다. 청계천에서 동대문으로, 동대문에서 신설동으로 노점상을 밀어내고 쓸어 담았지만, 그사이 동묘 벼룩시장이 생겨나며 노점 문화의 중심지가 되었다. 동묘시장의 활기야말로 그 실패의 방증이다.

오늘도 서울 곳곳에서 노점상은 계속해서 생겨나고 있다. 노점을 만드는 것은 정책이 아니라 노점을 해서라도 먹고살아야 하는 삶이기 때문이다.

동대문시장 맥스타일 전경. 2025년.

국회 앞 '내나라, 공공 임대' 농성장. 2022년 10월,

국회 앞

안전한 내 살 집을
외친 사람들

여의도의 옛 이름은 너섬. 너른 섬에서 유래한 이름이라지만 누구는 '너나 가져라' 해서 너섬이라 한다고도 했다. 한강 수위가 높아지면 대부분이 물에 잠기는 볼품없는 땅이었기 때문이다. 일제강점기엔 비행장으로 사용되었고, 사는 사람은 많지 않았다.

그랬던 너섬 풍경이 달라진 것은 1968년 윤중제 건설부터다. 홍수가 잦았던 여의도의 침수를 막기 위해 방둑을 쌓은 것. 매년 봄 벚꽃 축제가 열리는 윤중로는 바로 이 윤중제 위에 난 길이다. 윤중제 건설을 위해 사라진 마을이 있다. 여의도와 연결되어 있던 작은 섬, 밤섬이다. 밤섬에는 62세대 443명*이 살고 있었는데, 1968년 2월 섬을 폭파하며 모두 쫓겨났다. 정부는 밤섬 주민에게 토지와 건물 보상비를 지급하고, 와우산 기슭에 연립식 주택을 지어 이주시키겠다고 했지만 지키지 않았다.**

* 「밤섬 오늘 폭파」, 『경향신문』(1968/02/10).
** 김진명, 1999, 「서울 밤섬 이주민의 주거 공간의 변화와 의례」, 『서울학 연구』 제13호. 갑작스러운 퇴거 명령에 허겁지겁 찾은 마포구 창전동 와우산 기슭에는

안전한 내 살 집을 외친 사람들

밤섬을 폭파해 나온 돌로 윤중제를 짓고, 확보된 택지에 1971년 12월, 시범아파트가 들어섰다. 1975년, 여의도 서쪽에는 국회의사당이 지어졌다. 현재 국회의사당은 애초 평지붕으로 설계되었다가 '돔'을 얹어야 한다는 국회의원들의 주장에 따라 수정된 것이다. 국회의원의 취향에 따라 도면을 변경해야 했던 건축가들은 심란하고 실망스러웠다. 돔은 식민주의적 양식을 대표하는 것이었기 때문이다.

국회의사당 신축 설계에 처음부터 계속 참여해 온 K모 건축가는 "답답해서 말하기조차 귀찮다"면서 "도대체 오늘 세워지는 건축에 2세기 전의 낡은 건축 방식인 돔을 만들어 넣으려는 일부 국회의원의 무교양한 횡포에 기가막힌다"고 개탄, "2차 세계대전 이후 새로 지어진 브라질, 이스라엘 등의 의사당 건물엔 전혀 돔 같은 것이 없다"고 말했다.…건축계에선 최근 이 사건을 가리켜 "건축가들이 의사당에 난입, 국회의원들의 입법 과정에 개입한 것과 같은 있을 수 없는 처사"로 비유하고 있다.•

아무것도 없었다고 한다.
• 「'돔'을 언져야 하나」, 『경향신문』(1969/05/28).

정권의 민주적 정당성이 부족할수록 시민의 집회·시위 권리는 제한된다. 군사주의 정권 시절 집회는 철저히 억압당했고, 국회 인근은 절대적 집회 금지 장소에 해당했다. 1989년 민주화와 함께 '집회 및 시위에 관한 법률'(집시법)이 개정되며 집회 금지 구역은 200미터에서 100미터로 축소됐으나 "절대적 집회 금지 장소"라는 틀은 유지되었다. 그래서 국회 앞 집회는 늘 국회 맞은편 국민은행 앞에서 열렸다. 최대한 국회와 가까운 곳이다. 2018년, 절대적 집회 금지 장소가 위헌이라는 헌법재판소의 판단이 있었다. 이로 인해 2020년 1월 1일부터 국회 앞 집회가 가능해졌으나, 국회는 2020년 5월, 집시법 개정으로 국회 앞 집회 개최를 다시 틀어막았다. 다시 집회는 100미터 바깥, 국민은행 앞부터다.

어쨌든 '민의의 전당'이라고들 하는 국회 앞에는 다양한 목소리가 모인다. 출근 시간과 점심시간, 퇴근 시간마다 국회 출입구엔 1인 시위에 나선 사람들이 가득하고, 국회 앞 담벼락에는 여러 농성장들이 쪼르륵 붙어 있다. 확성기를 설치한 차를 세워 두고 정해진 시간마다 방송을 틀기도 한다. 하루에도 기자회견이 몇 차례씩 열린다. 9월 1일 시작하는 본회의가 100일의 일정을 마치는 12월이 가까워질수록 국회 앞 목소리들엔 더욱 긴장이 실린다. 그중에서도 이듬해 예산 심사는 가장 핵심 사안이다.

2022년 10월 17일 빈곤철폐의 날, 국회 앞에는 3미터×6미터짜리 천막 한 동이 세워졌다. "내놔라, 공공 임대"라는 이름을 내건 이 초록색 천막은 공공 임대주택 예산 삭감을 막기 위해 만들어진 것이었다. 윤석열 정부는 대규모 부자 감세를 감행하면서도 공공 임대주택 관련 예산은 5조7000억을 뭉텅이로 삭감해버렸는데, 전년도 예산의 30퍼센트에 해당하는 유례없는 규모였다. 게다가 그해 여름 기록적인 폭우로 신림동 반지하 주택에서 일가족이 사망한 사건 이후 근본적인 대책을 마련하겠다던 약속을 완전히 배반하는 것이기도 했다.

가난한 이들의 평생 내 집

공공 임대주택은 1989년 2월, 노태우 정부에서 처음 도입된 이후 정권의 변화와 시장 논리에 따라 변화를 거듭했다. 당시 정부는 임기 내 영구 임대주택을 25만 호 공급하겠다고 발표했으나 1993년까지 19만 호를 공급하는 데 그쳤다. 이후 2009년에 이르러서야 영구 임대주택 공급이 재개되었으나 2025년 현재까지 3만 호가 공급됐을 뿐이다. 공공 임대주택은 유형에 따라 자격과 가격이 다른데, 영구 임대주택은 주변 시세의 30퍼센트 수준으로 가장 저렴하게 공급되는 유형이다.

영구 임대주택을 대신해 늘어난 것은 공공 임대주택이었다. 김대중 정부는 중산층 공공 임대주택을 표방하며 시세의 60~80퍼센트에 해당하는 국민 임대주택을 도입했고, 2007년 시세의 80퍼센트에 달하는 장기전세가 서울시를 시작으로 도입됐다. 2012년 이후에는 청년·신혼부부를 중심으로 한 행복주택*이 생겼다. 대규모 영구 임대주택을 짓는 대신 도심 내 다가구, 다세대 주택을 매입해 공공 임대주택으로 활용하는 매입 임대주택도 도입됐다. 이렇게 이름을 바꾸어 가며 공공 임대주택이 만들어졌지만, 장기 공공 임대주택 보유량은 여전히 전체 주택의 6퍼센트에 불과하다.

가격은 비싸고 품질은 낮은 민간 임대주택 대신 싸고 좋은 공공 임대주택이 있다면 시민들은 당연히 후자를 선택할 것이다. 그러나 6퍼센트에 불과한 공공 임대주택으로는 이를 실현할 수 없다. 하물며 예산 삭감이라니, 주거난에 시달리는 이들의 눈물을 쏙 빼는 일 아닌가. 정부는 공공 임대주택을 충분히 공급하는 대신 각자 주택을 구입할 것을 장려하지만 모두가 억대의 집을

---

* 행복주택의 경우 입주 자격에 따라 임대료 책정 기준이 다른데, 핵심 공급 대상인 청년과 신혼부부의 경우 시세의 72~80퍼센트다.

살 수 있는 건 아니다. 주택을 구입할 수 있는 사람과 그렇지 않은 사람 사이에는 개인의 노력만으로 쉽사리 건널 수 없는 자산과 소득 격차가 존재한다. 그럼에도 불구하고 정부와 국회의 담은 높기만 하다. 개발과 주택 구입자를 위한 정책은 손쉽게 통과되는 데 반해, 세입자들을 위한 정책은 임시적이거나 시혜적인 수준에만 머물러 있다. 그래서 '민의의 전당'에 입장한 적 없는 세입자의 목소리를 보여 주기 위해 우리는 국회 앞에 천막 한 동을 세우기로 했다.

공공 임대주택을 요구한 첫 농성

지나가는 사람들 눈에는 모든 농성장이 그저 비슷한 천막들로 보이겠지만, 각자의 농성장엔 나름의 역사가 있다. 특히 우리 빈곤사회연대처럼 힘없고 작은 단체는 경찰도 일단 금지부터 하고 보는 일이 많기 때문에 우리끼리만 아는 소소한 무용담 같은 것들이 남곤 한다. 2022년 10월 17일도 그랬다. 우리는 국회 앞에서 기자회견을 하고 농성장을 설치하기로 했다. 기자회견 말미에 천막을 실은 트럭이 도착했다. 준비하고 있던 몇 사람이 와르르 달려들어 천막을 내리고 펼치기 시작하자 일순간 경찰들이 들이닥쳤다. 천막을 빼앗으려는 경찰과 버티는 사람들의 승강이가 시작

안전한 내 살 집을 외친 사람들

됐다. 경찰은 여섯 개의 천막 다리에 매달린 사람들을 떼어 내고 밟아 댔다. 마지막까지 남아 있던 사람을 떼어 낸 경찰은 빼앗은 천막을 들고 국회 앞 횡단보도를 건너기 시작했다.

천막 없이 농성을 시작해야 하나 허망한 마음을 붙들고 숨을 고를 때 경찰들의 뒤를 쫓는 한 사람이 보였다. 빨간불이 켜진 횡단보도 한복판에서 "우리 천막 내놔" 소리를 지르며 그가 매달리자 경찰도 웬일로 순순히 천막을 내려놓고 길을 건넜다. 또 한 명이 달려가 함께 천막을 들었다. 되찾은 천막과 함께 돌아온 둘은 개선장군이나 마찬가지였다. 1995년 도시빈민선교회에서 만나 목회자 대신 주거권 활동가로 살아온 이원호, 이동현 두 사람이었다. 공공 임대주택을 요구하는 헌정 이래 첫 농성은 발 빠른 두 친구 덕에 지붕을 가지고 시작할 수 있었다.

농성장에 내건 "내놔라, 공공 임대"라는 이름은 집이 모두에게 보장된 권리라는 점을 강조하기 위해 선택했다. 육신이 있는 한 제 한 몸 뉘일 곳은 누구나 필요한데, 노동 소득의 대부분을 집을 소유하고 유지하는 데 써버리게 만드는 사회에 대한 의심은 왜 이리 희박한가. 돈이 없다는 이유로 집에 살 자격까지 박탈해 버리는 세상은 야만적이지 않은가. 그렇다면 우리는 당당하게 요구하자, 더 많은 공공 임대주택을. 이런 마음으로 내건 이름이었다.

"집까지 내놓으라니, 파렴치한들"이라고 조롱하는 사람도 있었지만 기죽지 않았다. '우리의 집'을 요구하는 것이 '내 소유의 집'을 요구하는 것과 같을 수 없다는 떳떳함도 있었지만, 하루하루 점점 더 생기가 더해지는 농성장 분위기 때문이었다. 불안한 임대 시장을 전전하는 청년 세입자들, 2평 방에 살면서도 매년 주거 급여에 맞춰 월세를 올려 줘야 하는 쪽방 주민들, 아이를 가진 이성애자 부부로 이루어진 '정상 가족'만을 위한 주택정책에서 소외된 1인 가구와 소수자들, 장애가 있는 세입자를 꺼리는 집주인들 때문에 이리저리 치이며 살아온 사람들이 매일매일 하나둘씩 모여들었다. 집 문제로 고민하는 사람들 곁의 사회복지사, 세입자를 위한 주거 정책이 필요하다고 생각하는 공인중개사와 도시사회학자, 피땀으로 일군 공공 임대주택 정책의 후퇴에 반대하는 철거민, 집 문제야말로 모든 노동자의 문제라고 생각하는 노동운동가들도 모였다. 집이 '사는 것'이 아니라 '사는 곳'이 되기를 바라는 이들의 목소리가 여의도에 모이고 있었다.

농성장에서 국회 본청까지 직선거리는 불과 317미터. 멀지 않은 거리지만 우리의 목소리가 담장을 넘기는 힘들었다. 민생 예산을 삭감했다는 비판에도 윤석열 대통령은 "공공 임대주택이 정부

재정에 부담이 된다"는 식의 발언뿐이었고• 여당뿐만 아니라 야당도 이 문제엔 별 관심이 없었다. 결국 12월 23일, 공공 임대주택 예산은 5조가 삭감된 채 통과됐다. 국회 본청 계단 앞을 가득 메운 기자회견, 108배와 오체투지, 의원실 방문 등 할 수 있는 모든 일을 벌였으나 되살려 낸 돈은 6600억에 불과했다. 부글부글 끓는 마음이야 삭일 수 없었으나 그래도 이 농성이 패배였는가 하면 그렇지는 않았다. 예산은 크게 삭감되었지만 공공 임대주택은 예산 심사 내내 가장 중요한 이슈 중 하나였고, 그보다 더 소중한 보물은 농성 69일 동안 차곡차곡 늘어난 동료들이었다. 12월 24일 크리스마스이브, '꺾이지 않은 우리가 이겼다'는 이름으로 해단 기자회견을 했다. 너무 추웠던 날들을 함께 보낸 이들은 '행복했지만 힘들었다. 당분간 농성 말고 다른 일로만 볼 수 있길 바란다'는 인사를 나누며 헤어졌다.

전세 사기 피해는 당신의 책임이 아닙니다

월세 계약이 종료될 때마다 임대인은 다음 세입자에게 보증금을

• 「윤 대통령 "공공 임대는 선 아니다…정부 재정에 부담 요소"」, 『경향신문』(2022/12/15).

받아 가라고 했다. 이사 갈 집도 정해졌는데 새 세입자가 나타나지 않으면 어떡하나 늘 노심초사였지만, 공인중개사는 원래 그런 거라 했다. 집을 깨끗하게 치우고 임대인이 원하는 임대료에 맞춰 새 세입자를 구하는 일까지 세입자의 몫이 되었지만, 임대인은 마음 쓰는 기색이 없었다.

이 같은 한국의 전세 시스템에서 전세 사기·깡통 전세는 예견된 일이었다. 전국 주택의 전세가율은 2020년 65.1퍼센트에서 2021년 75.8퍼센트, 2022년 90.6퍼센트로 증가했다. 전세가가 주택 가격에 맞먹는다는 것은 그만큼 전세 보증금이 위험하다는 의미다. 실제 전국 곳곳에서 전세 보증금을 돌려받지 못하는 세입자가 속출하기 시작했다. 그러나 2022년 7월, 윤석열 정부는 깡통 전세가 확산될 가능성은 적다며 전세 사기를 저지른 일당에 대한 사법적 단죄를 중심으로 대책을 내놨다. 보증금 미반환은 문제가 아니고, 조직적인 범죄임이 입증될 때만 문제라는 진단이었다. 그러나 세입자 입장에서 이 둘은 같은 문제였다.

2022년 11월, 가장 먼저 피해자 대책위원회가 꾸려진 지역은 인천 미추홀구였다. '건축왕' 남 씨 일당은 새 집을 짓고, 공인중개사와 감정평가사, 바지 임대인을 내세워 전세 세입자를 모집했다. 신축 빌라의 특성상 시세 비교가 어려운 점을 활용해 감정가를 속여 높은 가격에 전세 계약을 체결하고, 반환 능력이 없는 바지 임대인에게 명의를 돌렸다. 그렇게 가로챈 전세 보증금의 규모는 수백억에 달했다.

피해자들은 평생 모은 돈을 돌려받지 못하고 빚더미에 올라앉았다. 전세 사기 주택이 경매로 팔려서 집에서 쫓겨나면 대출받은 전세자금을 당장 갚아야 하는데, 신용 대출이라도 끌어다 쓰게 되면 그때부터 투잡, 쓰리잡을 피할 수 없었다. 2023년 2월 28일, 미추홀구에서 한 피해자가 스스로 목숨을 끊었다. 불과 얼마 전까지 피해자 대책위원회에서 활동하던 이였다. 주안역에서 열린 추모제 한 켠에는 "빌라왕 1139채, 건축왕 2700채. 대한민국은 그들을 왕으로, 피해자는 신불자로 만들었습니다"라는 피켓이 놓여 있었다.

이후 전세 사기·깡통 전세 피해자 전국대책위원회가 만들어지고, 시민사회대책위원회도 결성됐다. 4월 한 달 동안 두 명의 피해자가 또 세상을 등졌다. 경매가 시작돼 쫓겨나는 이들이 늘어났고, 최우선 변제금조차 받지 못하는 맨몸의 피해자들도 적지 않았다. 그럼에도 피해자 구제 대책은 전혀 마련되지 않았는데, 이 문제를 사회구조적 문제가 아니라 사인 간의 범죄 사건으로 축소해 해석했기 때문이다. "전세 사기·깡통 전세는 당신의 잘못이 아닙니다"라는 현수막을 보고 많은 피해자들이 눈물을 흘렸다. 내 잘못이라고 생각해 가족에게도 말하지 못했던 고통에

한강대로에서 열린 전세 사기 피해자 추모 행진. 2023년 3월.
ⓒ 전세 사기·깡통 전세 문제 해결을 위한 시민사회대책위원회

안전한 내 살 집을 외친 사람들

새로운 이름이 필요했다.

4월에는 하루걸러 한 번씩 기자회견과 성명 발표, 집회와 행진을 이어 갔다. 그래도 정부에선 별다른 대책이 나오지 않았다. 특별법 제정을 촉구하기로 했다. '농성으로는 당분간 보지 말자' 던 주거권 활동가들의 약속은 반년을 가지 못했고, 우리는 2023년 5월 8일 다시 국회 앞에 모였다. 전세사기특별법 제정을 촉구하는 농성이 시작됐다.

농성 말고 캠핑

"우린 농성 아니에요. 캠핑이에요."

농성 첫날, 미추홀구 피해자들은 이 이야기를 몇 번이고 반복했다. 절대 '농성장'이라고 하지 말아 달라, 이곳은 캠핑장이다, 농성이 아니라 캠핑으로 우리 요구를 관철할 거다. 전세 사기 사건에 휘말려 여기까지 왔지만 얼마 전까지만 해도 각자의 일상을 살아가던 평범한 사람들이었다. 피해자들이 느끼는 여러 가지 부담과 '농성'에 대한 편견을 활동가들 역시 이해 못 할 바는 아니었다. 이날부터 활동가들은 "농ㅅ…아니 캠핑 말이에요"라면서 뱉은 말을 주워 담기 바빴다.

그 말을 실현해야 한다는 의지를 담은 듯 실제 캠핑 장비들이 천막을 채우기 시작했다. 농성장에는 보통 플라스틱 의자가 굴러다니기 마련인데 캠핑용 의자와 테이블, 조명과 아이스박스가 놓였다. 캠핑 용품 대리점을 하는 피해자가 보낸 것이었다. 아이스박스에는 항상 드라이아이스가 가득했다. 생업 때문에 오지 못하는 또 다른 피해자가 일주일에 한 번씩 배달되도록 자동 배송을 걸어 둔 것이었다. 천막의 절반엔 여느 농성장처럼 플라스틱 팔레트 위에 스티로폼을 얹어 잘 곳을 마련해 두었지만, 나머지 절반을 보면 딱 캠핑장이었다.

이 캠핑장에 가장 오래 있었던 사람 중 한 명이 미추홀 대책위 부위원장 최은선이다. 동그란 얼굴에 또렷한 눈매를 가진 최은선은 친근하고 귀여운 말씨를 가졌다. 자못 심각한 말들이 오가다가도 은선이 농담을 던지면 모두 푸하하 웃어 버리고 만다. 국회 앞에서 농성을 하자는 얘기가 나왔을 때 은선은 내키지 않았다. 젊은 시절 방송국에서 분장 일을 했던 그는 출퇴근길 풍경으로 수많은 농성장들을 봤다.

난 솔직히 농성하는 사람들을 욕하는 쪽이었어. 왜 이렇게 차 막히게 하고 못 지나가게 해? 나는 늦어 가지고 죽겠는데 맨날 이렇게 차 돌려 다니게 하고 그러니까. 거기서 잔다는 상상은 해본 적도 없지. 저 사람들은 그냥 저런 일을 하는 사람들인가 보다,

그렇게 생각했거든. 근데 내가 그걸 한다고? 전세 사기가 뭔데 농성까지 해야 되나? 그냥 가서 얘기하면 되는 거 아닌가? 너무 쉽게 생각했던 거지.

누가 캠핑이라고 했는지는 설왕설래다. 부위원장 박순남이 농성이 필요하다고 말했지만 사람들이 선뜻 나서지 못하자 듬직한 위원장 안상미가 캠핑 얘기를 꺼냈다는 사람도 있고, 어떤 사람은 최은선이 처음이었다고 한다. 어쨌든 거기엔 서로의 두려움을 덜어 주고, 스스로 의지를 다지는 마음이 담겨 있었을 것이다.

처음엔 이렇게 큰 일이 발생했으니 모두가 주목해 줄 거라 생각했다. 국회의원들도 이 문제를 해결하겠노라 공언했으니 오래 걸리진 않겠지, 하고 말이다. 캠핑장을 만들 때 옆 농성장 아저씨가 얼마나 계실 거냐 묻기에 은선은 '한 일주일?'이라고 답했다. 의아한 표정과 '일주일?'이라는 반문이 돌아왔지만 다시 한 번 '일주일'이라고 힘주어 말했다.

그리고 5월 11일, 또 한 명의 피해자가 숨진 사실이 알려졌다. 이른바 '빌라왕'의 피해자였던 그는 전세 사기로 2억4000만 원의 빚이 생겼다. 같은 임대인으로부터 사기를 당한 피해자들을 모아 고소 고발을 이어 가며 이자 부담 때문에 투잡, 쓰리잡을 뛰다 과로로 쓰러졌다. 네 번째 피해자의 사망에도 국회의 논의는

지지부진했다. 피해자들은 피해자의 보증금 채권을 매입해 정부가 소송 과정을 대리하고, 피해 금액을 환수하는 '선구제, 후회수'를 제안했으나 전혀 받아들여지지 않았다.•

그즈음 피해자들의 목소리가 담긴 특별법을 제정하라는 서명에 8900명이 넘는 시민들이 동참했다. 5월 23일, 기자회견을 마치고 서명을 전달하기 위해 국회 민원실로 이동하려는데 갑자기 경찰들이 에워싸며 출입을 막았다. 매일 드나들던 국회를 갑자기 왜 갈 수 없다는 것인지, 이유를 물어도 묵묵부답이었다. 다섯 명만 대표로 이동하라는 말을 듣고 피해자들은 분개했다. 열려 있는 길로 가겠다며 차도를 통해 이동하려 하자 정문을 폐쇄해 버렸다. 도대체 왜 이렇게까지 하는 거냐는 항의에 영등포 경찰은 "집시법 위반으로 1차 해산을 명령한다"고 답했다.

그때 내 옆에 서있던 한 경찰이 외쳤다. "짧은 머리, 안경부터 빼." 미추홀구 피해자 중 한 명인 강민석이었다. 덩치가 가장 큰 사람부터 하나씩 들어내려 하는 것 같았다. 연행이라도 되면 큰일이라는 생각에 바로 강민석을 힘껏 붙들었다. 그리고 다른

• 전세 사기·깡통 전세 피해자 전국대책위원회 등,
「제대로 된 전세 사기·깡통 전세 특별법 조속히 제정하라:
피해자 선별하고 '선구제, 후회수' 방안 반대하는 정부
여당 규탄한다」 (2023/05/16).

피해자들을 향해 외쳤다. "연좌!" 하지만 아뿔싸, 그중 누구도 그 말뜻을 알 리 없었다. "팔짱 껴, 팔짱!" 이 말을 들은 은선은 얼떨 떨한 표정으로 자신의 양팔을 몸 앞으로 꼬아 보이며 깜찍한 목소리로 되물었다. "이렇게?"

이날 우리는 결국 서명 용지를 전하지 못했다. 우리를 막는 경찰 중 세입자가 아닌 사람은 얼마나 있었을까. 매일매일 죽음을 고민하는 피해자들의 벼랑 끝에 선 마음, 경찰에 대한 분노, 돈이 많았으면 전세 사기 같은 거 안 당하고 살 수 있었을까 하는 한탄이 눈물로 쏟아졌다. 엉엉 울던 이들은 서명 용지를 하늘로 날렸다. 굳게 닫힌 국회 정문 위로 눈물과 아우성, 하얀 서명 용지가 나부꼈다.

예전에 티브이에서 고공 농성하고 막 그러는 장면을 보면 '어머 위험하게 왜 저래' 이렇게 생각했거든. 근데 그날 밤 뉴스에 우리가 그렇게 보이는 거야.

서는 자리가 바뀌니 모르던 것들도 알게 됐다. 전세 사기 캠핑장 옆에는 한 노동자의 오래된 천막이 있었다. 점심시간과 퇴근 시간마다 여기서 흘러나오는 투쟁가가 처음엔 불편했다. 하지만 어느덧 최은선은 <가자, 노동 해방>이 가장 마음에 든다며 몇

서명 용지가 담긴 상자를 보이며 굳게 닫힌 국회 출입문 앞에서 항의하는
피해자들. 2023년 5월 23일.
ⓒ 전세 사기·깡통 전세 문제 해결을 위한 시민사회대책위원회

안전한 내 살 집을 외친 사람들

번이고 제목을 다시 물었다. 국회 앞에는 민주유공자법 제정을 요구하는 백발의 어머니 아버지들도 있었다. 자식을 잃고 몇 년째일까, 가늠조차 죄송했다. 세월호 유가족이 아직도 재판을 이어 가는 중이라는 것도 알게 됐다. 이태원 유가족의 눈물겨운 싸움도 보았다.

부모들은 저렇게 몇 년을 하는데 나는 일주일도 길다고 했으니. 전세 사기 터지고 난 다음에 세상 보는 눈이 달라지더라구. 난 원래 세월호도 처음에만 그냥 안타까워하고 해결이 다 됐으려니 했거든. 아직도 해결 안 됐다는 얘기에 예? 했다니까. 농성하면서 좀 많이 느꼈어. 바뀌었지. 내 생각이 많이 바뀌었지.

하나하나 손잡다 보니

천천히 농성장 생활에 스며들었던 것처럼, 대책위원회 활동도 계획을 가지고 시작한 건 아니었다. 처음엔 살던 집이 경매에 들어간다고 하니 이상했고, 나뿐만 아니라 우리 동 전체가 경매에 처했다는 말을 듣고 황당했다. 알고 보니 최은선의 임대인은 최은선의 집뿐만 아니라 그 동 전체를 소유하고 있었다. 젊은 사람이 어디서 그렇게 큰돈이 났을까, 잠시 의아했지만 진짜 문제는 다른 데 있었다. 옆 아파트 세입자를 만나 보니 우리 임대인은 그에게 집을 소개해 준 중개사였고, 또 다른 아파트에서는 다시 임대인으로 등장했다. 우리 집 중개사는 또 다른 건물의 임대인이기도 했다. 임대인과 공인중개사, 감정평가사에 관리업체까지 모두가 남 씨 일당이었다. 이상한 낌새를 느낀 사람들이 모여 대책위원회가 만들어졌다. 이 동네에 살기로 결정한 순간 모두가 피해자가 될 수밖에 없는 구조였다.

처음부터 대책위를 하려던 건 아니고, 아파트에서 누군가 대표로 경찰서에 고소를 하러 가야 한다는 거야. 어차피 아파트 사람들 상황이 전체 다 똑같으니까 한 명이 모아서 가라고 해서 그럼 제가 할게요, 한 거지.…또 아파트마다 한 명씩 돌아가면서 1인 시위를 해야 한대. "언제 할 거예요?" 이러는데…나는 그런 자리에 처음 간 거였거든? 누가 누군지도 몰랐어. 근데 나도 모르게 손이 막 들리더라고. 수요일에 괜찮은 거 같은데… 하면서. 하하하. 그렇게 시작한 거야.

처음에는 안상미가 혼자 간다길래 저 사람은 이게 직업인가 했어. 근데 그런 게 어딨어? 내가 등 떠밀린 것처럼 저 사람도 그렇구나, 하고 나중에 안 거지. 어느 날은 안상미가 혼자 가니까 너무 외롭다는 거야. 그래, 그러면 같이 가자. 이렇게 하나하나

손잡다 보니까 뭉치기 시작한 거지.

　　본인도 피해자이면서 더 딱한 사람을 염려하는 마음과 습관을 지닌 사람들이 있다. 내 한 몸 건사하는 일조차 힘든 상황에서도 대책위원회 활동에 나선 사람들 대부분이 그랬다. 이들은 자신들처럼 시간을 내서 경찰서나 법원, 기자회견을 다니기조차 어려운 피해자들을 더 근심했다.

　　피해자 대책위원회의 첫 요구 사항은 "경매 유예", "최우선 변제금 사각지대 해소", "선구제 후회수"였다. 이 가운데 가장 시급한 것은 경매 유예, 최소한의 요구는 '최우선 변제금 보장'이었다. 피해자들 가운데는 최우선 변제금조차 받지 못하는 경우가 있었기 때문이다.* 국회는 이조차 특별법에 반영하지 않았다. 어느 날, 한 국회의원이 피해자 대책위원회와 시민대책위를 만나러 와서는 최우선 변제금 보장은 도저히 성사될 것 같지 않으며 이를 계속해서 주장하기 어렵다고 말했다. 대책위 사람들은 얼굴이 빨개지도록 분통해하며 피해자가 느낄 절망감에 대해 한참을 설

---

* 우선 변제권을 인정받는 소액 임차인에 해당하는 임대차계약을 했더라도 선순위 채권자의 권리가 발생한 날짜에 따라 혹은 재계약 여부에 따라 최우선 변제금을 받지 못하는 경우가 있다.

명했지만 성과는 없었다.

짧은 만남이 끝난 후 분을 삭이지 못하고 씩씩거리며 캠핑장에 돌아온 대책위 사람들에게 내가 물었다. "죄송한데 혹시 여기서 최우선 변제금을 못 받는 분들은 누구신가요?" 매일 얼굴을 부대끼면서도 개인 사정을 묻기가 조심스러워 꺼내지 못한 질문이었다. 각 아파트 동대표인 그들은 잠시 뜸을 들이다 "나는 사실 받아", "나도 최우선 변제금은 받아" 같은 말을 하며 쑥스러워했다. 가장 우선시했던 요구가 정작 본인들의 문제가 아니었다니, 그런데 왜 그렇게 최우선 변제금부터 강조한 것인지 묻자 모두의 입에서 약속한 듯 한결같은 답이 돌아왔다.

그거도 못 받는 애들이 죽었잖아. 그러니까 우리가 적어도 그건 해야지.

하나도 허술하지 않은 마음이었다. 매사 진지하기보다 농담에 더 열정적인 이 사람들은 믿을 수 없이 단단한 마음을 가지고 있었다.

단단한 마음이 무너지던 날

'전세 사기 피해자 지원 및 주거 안정에 관한 특별법'(전세사기특

별법)이 제정되며 '캠핑'은 19일 만에 끝이 났다. 보통 농성장에
비하자면 꽤나 속성이었다. '이렇게 빨리 제정된 특별법은 없다'
는 주변 사람들의 칭찬이 위로가 되진 않았다. 이미 넷이 세상을
등진 후였고, 특별법에도 불구하고 아무런 도움도 받지 못하는
피해자가 많았다. 최악과 차악 가운데 선택하라는 국회의 성화
에, 차악조차 선택하지 않으면 아무것도 없다는 엄포에, 물러설
수밖에 없었다. 그러나 성과가 없는 건 아니었다. 전세사기특별
법은 거듭 개정을 이어 왔고, 2025년 11월까지 누적 피해자 인정
건수는 3만4481건이다. 매 회기마다 특별법 연장과 개정을 이룬
건 피해자들의 끝없는 노력 덕분이다. 특별법이 없었던 때와 비
교하면 큰 진전이지만 문제가 해결됐나 묻는다면 그렇다고 답할
수 없다. 전세 사기를 만드는 사회구조는 조금도 변하지 않았고,
여전히 비슷한 사건들이 발생하고 있기 때문이다.

　　최은선을 더욱 속상하게 한 것은 법원의 결정이다. 최소한
665가구, 536억 원의 전세 사기 피해를 낳고, 여섯 명을 죽게 만
든 남 씨 일당에게 적어도 법은 엄격한 처벌을 내려 주리라 믿었
다. 검찰은 남 씨에게 징역 15년과 범죄 수익 82억9555만 원 추
징을 구형했으나 지난 1월 대법원은 이의 절반에도 못 미치는 징
역 7년을 확정했다. 또 최은선의 임대인을 비롯한 남 씨의 공범들
은 무죄 혹은 집행유예로 모두 풀려나게 되었다.·

처음에 법원에서 임대인이 날 보면 미안해하기는 했어. "죄송합니다" 하고 인사는 하더라고. 볼 때마다 그냥 "죄송합니다" 했었거든? 근데 이번에 2심 판결 나왔잖아. 당당해, 인사도 안 해. 내가 "이제 인사도 안 하냐" 그랬더니 "죗값 다 치렀잖아요" 그러더라고. 내가, 그 말에…죗값 다 치렀잖아요, 그 말에….

최은선은 무너졌다. 죗값은 누가, 어떻게 치른 걸까. 나는 전세 사기 피해자라는데 그 피해를 만든 제도도 그대로고, 나를 속인 임대인도 가해자가 아니란다. 그러면 나는 누구에게 어떤 피해를 당했단 말인가. 경매장에 가면 상황은 더욱 암담했다.

속이 뒤집어지더라구. 낙찰 받겠다는 사람들이 그렇게 많을 줄 몰랐지.

특별법이 만들어지기 전, 피해자들은 전세 사기 피해 주택이니 입찰에 나서지 말아 달라는 피켓을 들고 경매법원 앞에 서 있곤 했다. "몰랐어요, 죄송해요" 하는 사람도 있었지만 '어쩌라

• 1차 기소였던 이 재판은 종료되었으나 추가한 2차, 3차 기소는 2025년 12월 현재 여전히 재판이 진행 중이다.

는 거냐'는 냉담한 얼굴도 많았다. 전세 사기 피해자면 정부가 대출을 해주지 않냐며 그걸로 자신과 전세 계약을 맺자는 낙찰자도 있다. 전세 사기 피해 주택 입찰 강의가 성행이라는 이야기도 들렸다. 이곳이 지옥이 아니라면 무엇일까.

최은선은 원래 모든 절차가 끝나면 이 집을 탈출할 생각이었다. SH가 최은선의 집을 매입한다고 했으니 앞으로 10년은 더 살 수 있을 텐데 그래도 이 집을 떠나고 싶었다. 그런데 최근 자신이 없다. 여기서 나가 또 전세 사기를 당하지 않으리라는 보장이 있을까? 알면 알수록 그런 방법은 없다는 것만 분명해졌다. 또 그런 일을 당하면 정말 무너질 것 같아 아직 갈팡질팡이다. 은선은 이곳이 결혼 전 마지막 전셋집이라고 생각했다. 전세 사기 문제가 일단락되면 다시 미용실을 차리리라 계획했다. 3년이 지났지만 결혼도, 재개업도 아직은 모두 미뤄 둔 상태다. 꿈꿔 온 미래에 도달하지 못하고 시간이 흘러간다. 집이 덫이 되는 세상에 모두가 잡혀 있다.

그래도 농성장이 있었기에

특별법 논의가 지지부진하게 흘러가던 어느 늦은 밤, 미추홀 대책위 사람들은 차마 캠핑장을 떠나지 못하고 마른오징어를 씹고 있었다. 정부와 국회는 피해자를 구제하지도, 앞으로의 전세 사기를 예방하지도 않고 어쩌겠다는 걸까. 그것이 오징어를 앞에 둔 우리의 주제였다. 그러면 도대체 어떻게 살아야 하나, 누군가 답답한 마음을 토로하자 안상미가 답했다. "우리도 사기꾼이 되어야지 어쩌겠어. 지금까지 우리가 알아낸 전세 사기 수법만 돌려 가면서 해봐도 돈은 금방 벌지 않겠어?"

그 순간 우리는 모두 다 정의로운(?) 전세 사기꾼에 빙의했다. 가장 좋은 사기 수법이 무엇인지, 허점은 없는지, 나에게 사기를 친 사람을 찾아내 전세금을 빼앗는 방법은 뭔지 상상하며 모두 다 빌라 퀸, 아파트 킹이 되어 보았다. 지금도 이때를 얘기하면 사람들은 싱긋 웃는다. "역시 그때 빌라퀸 했어야 했어, 그치?" 도무지 그럴 마음이 없는 사람들끼리만 할 수 있는 농담이라 좋다. 이때도 최은선은 한마디 더 보탠다. "진짜 할 거면 절대 나 빼고 하지 마. 가만 안 둬!"

농성이 싫어서 캠핑장임을 몇 번이고 확인하던 최은선은 이제 또 피해를 당한다면 농성장부터 차리는 게 좋지 않을까 생각한다.

그때 농성장 갈 때마다 참 감사하다, 생각했어. 국회에서 일정이 거의 매일같이 있었잖아? 농성장 있으니까 편하더라고. 끝나면 갈 곳이 있으니까. 그전에는 집에 또 언제 가? 이랬는데 농성장이 있으니 가방도 여기다 놓고 편안하게 갔다 올 수 있고 그게 좋았지.

아무래도 그에게는 어떤 곤란한 상황에서도 장점을 찾아내는 능력이 있다. 농성도 캠핑으로 해내는 마음의 근력. 최은선처럼 이 작은 캠핑장에 모여든 사람들은 모두 저마다 자신의 일을 찾아 해냈다. 민성용은 인천 미추홀에서 국회 앞으로, 전국 각지의 시위 현장으로 부지런히 사람들을 실어 날랐다. 붙임성 좋은 부인 향화가 함께할 때면 분위기는 더욱 밝아졌다. 김병렬은 아파트 사람들을 모아 옥상에서 고기를 구워 가며 단합을 다졌고, 손맛 좋은 그의 부인 시연은 이른 아침 회의에도 김밥이나 에그 샌드위치를 뚝딱 만들어 왔다. 생업을 놓을 수 없으나 시간 활용이 자유로운 편이었던 강민석은 오전에 열리는 1인 시위나 기자회견은 빼놓지 않고 출석했고, 장애인 인권 운동가로 '경력자'인 박순남은 농성이든 삭발이든 일단 내가 해보겠다 솔선했다. 생업을 미루고 활동에 전념한 안상미에게 모두가 고마워했고, 그가 외롭지 않도록 시끌벅적 함께 움직이는 것도 이들의 버릇이 되었다.

국회 앞 캠핑장엔 미추홀 대책위만 있었던 것은 아니다. 서울과 제주 등 각 지역의 셀 수 없이 다양한 피해자들이 함께했다.

이제는 대구와 경산, 수원, 부산, 서울의 피해자들이 함께하고 있다. 이렇게 식구들이 늘어 가는 게 좋은 일은 아니지만, 그래도 같은 문제를 겪으며 함께 해결을 고민하는 사람들이 있다는 것만은 든든하다. 시간이 흐를수록 새로운 피해 유형이 드러나며 과제가 줄어들기는커녕 늘어나고 있지만 이런 게 우리의 이어달리기 아닐까 하는 생각도 든다.

이들이 모두 모여 이룬 작은 캠핑장이 19일간 국회 앞에 있었다. 안타깝게도 전세 사기 사건은 여전히 현재 진행형이지만 이 '캠핑'이 피해자들을 위한 방파제를 쌓은 것만은 분명하다. 전문가와 국회의원들 모두 불가능하다고 입을 모았던 대책들은 현실이 되었고, 기대에 못 미치는 수준이었지만, 계속 더 나은 것으로 고쳐 가는 중이다.

2024년 12월 3일, 윤석열 대통령의 비상계엄 포고가 있었다. 뉴스를 보자마자 달려간 국회에는 정말 군인들이 진입하고 있었다. 국회 앞 100미터 집회 금지는 아무런 의미가 없었고, 모여든 사람들이 도로에 뛰어나와 군용 차량을 막아서고 구호를 외쳤다. 계엄 이후 첫 주말이었던 12월 7일, 국회에서는 탄핵 표결이 있었다. 국회의사당 앞에 수십만 명의 시민들이 운집하고 있었으나 국회 앞 도로는 경찰의 바리케이드에 막혀 있었고, 안전마저 위협받는 상황이었다. 민주노총 양경수 위원장은 "민주노

총이 길을 열겠습니다" 선언했다. 민주노총 조합원들이 자리에서 일어나 경찰 병력을 뚫고 도로로 나섰다. 국회 앞 100미터 집회 금지는 그날 의미가 없었다.

탄핵 광장이 열리고, 세상이 바뀌길 바라는 다양한 사람들의 목소리도 쏟아졌다. 집 문제도 빠질 수 없었다. 공공 주택 사업으로 쪽방 주민들에게 집다운 집을 보장해 달라고 촉구해 온 동자동 주민들은 십시일반 모은 쌀과 돈으로 떡을 맞춰 시민들과 나눴다. 홈리스야학 학생들도 매주 거리를 메우며 '계엄 반대'를 외쳤다. 신촌 노점상들은 오뎅을 끓여 나누었고, 검은 조끼를 함께 입은 철거민들도 함께했다. 미추홀 대책위원회의 깃발도 언제나 찾을 수 있었다.

윤석열 대통령이 탄핵되고 맞은 2025년 제헌절, 국회 정문 뒤에는 "민주주의 최후의 보루 대한민국 국회"라는 상징석이 생겼다. 국회의사당 2층 정문에는 "모든 권력은 국민으로부터 나온다"는 헌법 제1조도 새겨졌다. 그러나 위태로운 세입자들의 목소리는 아직 국회 담장을 넘지 못한 듯하다. 여러 차례 개정에도 불구하고 전세 사기·깡통 전세 피해는 온전히 복구되지 않고 있고, 재개발 촉진이나 다주택자에 대한 감세 합의는 빨라도 공공 임대주택을 짓는 계획은 요원하다.

'민의의 전당'이라는 국회에 세입자들의 위태로운 처지에 대한 걱정은 과연 얼마나 있을까. 그래도 국회 앞 농성장 아니 캠핑장들은 계속 담장 너머로 홀씨를 날린다. 위험하지 않은 집에 살 권리가 모두에게 보장되기를 바라는 마음을 담아. 평등이 가져올 모두의 풍요를 향해.

안전한 내 살 집을 외친 사람들

국회 앞 '내놔라, 공공 임대' 농성 해단식 날. 2022년 12월 24일.
ⓒ 내놔라공공임대농성단

‘내놔라, 공공 임대’ 농성을 함께한 주거권·반빈곤 활동가들과
‘전세 사기·깡통 전세 해결을 위한 캠핑장’에 함께한 전세 사기 피해자들.
기후정의행진 후 광화문 앞에서 2025년 9월 24일.

안전한 내 살 집을 외친 사람들

나가며

1

온전한 내 공간은 거의 모든 사람들의 꿈이다. 우리는 대부분 집 한 채 사는 것을 평생 숙제로 안고 산다. 한국 사회에서 집의 규칙은 확실하다. 될 수 있는 한 빨리 사야 한다. 대출금을 갚다 보면 집값은 반드시 오를 것이다. 새로 산 집에 전세 세입자를 들이면, 그 전세금으로 집을 한 채 더 장만할 수도 있다. 그렇게 한 채 한 채 늘려 가는 게 순리다. 청계천 힐스테이트 분양 사무소 상담 직원의 말대로, 사지 않을 이유가 없다. 서울의 집은 특히 그렇다.

물론 말처럼 쉬운 일은 아니다. 금리가 오르면 대출 이자에 허덕이게 되고, 심지어 집을 산 사람들도 쫓겨날 때가 있다. 토지나 건물 소유주 가운데 4분의 3 이상이 재개발에 동의하면 자신은 원하지 않아도 집에서 나가야 한다. 돈을 벌어 집을 사기만 하면 모든 문제가 끝날 것 같지만 이 무간지옥은 우리가 사는 세상 그 자체라 홀로 탈출하기가 거의 불가능하다. 이 사회의 경제 구조와 집에 관한 우리의 관념이 변하지 않는 이상 이 문제는 영원히 우리 모두와 연결될 수밖에 없다.

나도 네이버부동산을 자주 본다. 미래가 불안할 때 더 많이 뒤적거린다. 계약이 끝나면 어떻게 해야 할까, 이렇게 살아도 될까 암담한 생각이 떠오르면 매매부터 전세, 월세 순으로 매물들을 체크한다. 신기한 점은 6억, 8억, 10억 하는 숫자들을 보다 보면 3억 정도는 어쩐지 아무것도 아닌 것처럼 느껴진다는 거다. 혹시 살 수 있지 않을까 하는 마음이 들어 가능한 대출과 그에 따른 이자를 따져 보면 매월 몇백만 원을 최소 십수 년 상환해야 한다는 계산이 나오는데, 그제야 난 현실로 돌아온다.

한국의 주택 보급률은 100퍼센트를 넘어선 지 오래지만 자가보유율은 60퍼센트 전후를 오갈 뿐 큰 변화가 없다. 이미 주택 가격의 중위값이 가구별 자산의 중위값을 훌쩍 뛰어넘어 버렸기 때문에 대다수 무주택 서민들은 앞으로도 평생 집을 사기 어려울 것이다. 그렇다고 이들이 집값을 올리고 있는 톱니바퀴의 외부에 존재하는 것은 아니다. 이들 역시 보증금과 월세로 집값 상승분의 일부를 분담하고 있기 때문이다.

이 바퀴가 도는 과정은 잘 보이지 않는다. 누구에게나 집을 구하는 일이란, 감당할 수 있는 단점을 받아들이고 타협할 수 없는 희망을 쟁취하는 과정이 아닌가. 누군가는 도심의 반지하, 옥탑, 고시원으로 향하고, 누군가는 도심을 벗어나 두 시간이 넘는 통근 거리를 감내하기로 결심한다. 이는 마치 개인의 선택과 능력에 달린 것처럼 보이지만 실상은 이윤을 중심으로 돌아가는 도시 개발이 촘촘하게 사람들의 거처를 구획하는 과정이다.

2

이 책의 각 공간을 살아 있게 하는 것은 무엇보다 사람들이다. 한 철거민은 학창 시절 용산청과물시장에서 노점상을 하던 엄마가 용산전자상가가 만들어지며 쫓겨나는 것을 보았다. 시간이 흘러 자신의 가게가 철거되어 투쟁하던 중, 어머니는 가락시장 현대화 사업으로 다시 한 번 쫓겨날 위기에 처했다. 야학에서 공부 중인 한 홈리스는 독립문 현저동 산동네에 살다가 쫓겨났다. 마지막 집은 봉천동 달동네 셋방이었다. 재개발을 한다며 나가라고 했지만 갈 곳이 없어 전기도, 물도 없고 문고리도 부서진 집에서 혼자 지냈다. 어느 날 문에다 누군가 똥을 발랐다. 이러다 정말 큰일 난다는 친구들의 만류에 마을을 떠난 후 그는 거리와 지인들의 집을 전전하고 있다. 10년 전 잠원역 앞 비닐하우스촌에서 만난 한 할머니는 여의도에서 한 번, 잠실에서 한 번 집을 철거당했다. 대부분 강제 철거는 인생에 단 한 번도 경험하기 어려운 일이지만,

이처럼 누군가는 여러 번 혹은 대를 이어 경험한다.

그렇다고 이들이 마냥 당하고만 산 것은 아니다. 목동·상계동 철거민들의 싸움은 공공 임대주택 공급을 가능하게 했고, 오랜 시간 끈질기게 주거권을 요구해 온 쪽방촌 주민들은 영등포를 시작으로 쪽방촌 공공 개발을 가능하게 만들었다. 양동 쪽방 주민들은 임대 아파트 공급 의무가 없는 건축주를 움직여 공공 임대주택을 공급하게 했다. 이들이 감당한 고통과 노력에 비하면 지금까지의 성과는 미미하지만, 세상은 그런 노력으로 한 발씩 나아갔다.

다만 반대의 경향이 더 강했다. 사회보장제도가 부실한 한국 사회에서 집은 노동자 가족의 생존 전략이었다. 정주의 권리를 보장하기보다 개별 노동자들이 집을 구매하도록 촉진해 온 한국의 주택 정책은 민간 자원을 통한 주택 공급(합동 재개발)과 노동자들의 임금을 흡수하는 주택도시기금, 청약과 같은 제도로 뒷받침되었다. 정부는 재정 부담 없이 주택을 공급하고, 건설 재벌과 소유자는 개발이익을 향유할 수 있었지만, 세입자는 여기서 제외되었다. 이 과정에서 시민이 시민을 향해 행사하는 사적 폭력, 철거 용역이라는 비극이 발생했다. 집값이 오르기를 기대하는 자가 소유자들은 이에 방해가 되는 공공 임대주택에 반대한다. 이 배타적인 생존 방식은 우리 사회의 연대를 침식해 왔다.

개발 지역에서는 지금도 그악한 폭력이 반복된다. 철거민들은 '태어나서부터 철거민인 사람이 어디 있느냐'는 한탄을 자주 한다. 처음에는 국가와 법이 이 문제를 공평하게 해결해 줄 것이라 기대하며 법원이나 구청 같은 곳을 찾지만, 냉대와 '합법적' 폭력에 내몰리다 보면 누군가는 결국 싸움에 나서게 된다.

우리는 이들이 겪는 폭력을 외면해 왔다. 이 집단적 외면은 서울의 외형뿐만 아니라 우리 내면에도 영향을 끼쳤다. 아파트 담장에 '외부인 출입금지' 현수막을 내거는 것을 자연스럽게 여기는 마음, 낡고 오래된 것을 누추하다 생각하고 구조 조정의 대상으로 보는 마음은 도시에서 가난한 사람과 장애를 가진 사람들, 비생산적 인구를 퇴출하고자 하는 마음으로 이어진다.

그래서 우리가 대면해야 할 진짜 문제는 빈곤이 아니라 부다. 도시를 이윤을 추출할 공간으로만 사고하는 사이 도시의 진짜 역할, '나와 다른 사람을 우연히 만날 가능성'이 사라지고 있다.

3

빈곤사회연대는 2022년 1월, 용산 참사 13주기를 맞아 시작한 '용산 다크투어'를 지금도 꾸준히 진행 중이다. 투어는 용산역 광장에서 시작해 용산역과 서울드래곤시티를 잇는 구름다리를 지나 용산전자상가로 향한다. 회색 펜스로 이어진 용산정비창 담벼락을 따라 걷다가 이수고가교 위에 올라서면 축구장 70개 넓이에 달한다는 용산정비창 전체가 한눈에 들어온다. 땡땡거리를 지나 용산 참사 현장인 용산센트럴파크해링턴스퀘어에 도착하면 두 시간의 다크투어가 마무리된다.

이렇게 용산역 인근을 한 바퀴 돌며 우리는 각 공간에서 쫓겨난 사람들에 대해 이야기한다. 용산역은 현대산업개발의 민자 역사가 되면서 역무 시설이 전체 면적의 단 10퍼센트밖에 되지 않는 공간으로 변했다. 카페에 들어가 커피라도 한 잔 시키지 않으면 앉을 자리를 찾기 어렵다. 용산역과 외부를 잇던 구름다리 맞은편에는 서울드래곤시티라는 호텔들의 복합 공간이 생기면서 노점상과 홈리스가 쫓겨났다. 용산 일대가 개발에 들어가면서 전자상가 상인들도 쫓겨나고 있다. 용산 참사 현장에는 비극을 기록하는 작은 현판 하나 남아 있지 않다.

여기서 가장 첨예한 이슈는 용산정비창이다. 일제강점기인 1905년부터 철도를 만들거나 수리하는 정비 기지로 사용되던 이곳의 모든 역할은 2011년 12월을 마지막으로 전국 곳곳의 차량 정비 기지로 이전됐다. 도심 한복판의 이 커다란 공유지를 어떻게 개발할 것인가는 오랫동안 많은 이들의 초미의 관심사였다.

2025년 현재 오세훈 서울시장은 이를 국제업무지구로 개발하겠다는 계획을 갖고 있다. 이는 오세훈 시장의 전 임기인 2007년 이미 한 차례 시도된 바 있다. 당시 계획은 50만 제곱미터의 용산정비창과 한강변까지 이어지는 서부이촌동 일대를 국제업무지구로 개발한다는 것이었다. "세계 유명 건축가들의 건물로 건축 박람회장을 연상케 하겠다", "한강에 크루즈선을 띄우겠다"는 등의 휘황찬란한 계획이 '한강 르네상스 사업'의 일부였다. 그런데 이 개발사업을 추진하던 '드림허브프로젝트'가 2013년 부도 처리되며 계획은 무산됐다. 사업은 실패했지만 후과는 컸다. 대규모 개발계획이 세워진 것만으로도 용산 일대 땅값이 들썩였고, 용산 내 수많은 지역에서 재개발이 추진됐다. 이는 철거민 다섯 명과 경찰 한 명의 목숨을 앗아 간 용산 참사의 배경이기도 하다.

2025년 11월 기공식을 연 용산국제업무지구 개발사업은 모습을 조금 달리한다. 서부이촌동 일대는 개발계획에 포함되지 않았고, 부지를 통째로 개발하는 방식이 아니라 공공이 부지를 조성해 블록별로 매각한 후 민간이 개별 구역을 개발하는 것으로 계획을 변경했다. 서울주택도시공사가 기반 시설을 완공해 부지를 조성하면 각 필지를 민간 사업자에게 분양하는 형태다. 이는 신도시 개발 방식과 유사한데 부지 조성을 통해 리스크는 공공

이, 이익은 민간 사업자가 가져가게 된다. 공공 토지의 개발에서 조차 민간 사업자의 이익만 극대화하는 이 같은 방식은 과연 합당한가? 이것이 바로 우리가 제기하는 질문이다.

그래서 우리는 이 땅을 아무에게도 팔지 말 것을 제안하고 있다. 공공 토지를 민간에 매각해 건설사와 분양자들에게 천문학적 이익을 선사하는 일을 중단하고, 이곳에 지어지는 주택 등을 100퍼센트 공공이 임대하는 방식으로 하자는 것이다. 단기적 이익만 셈한다면 할 수 없는 선택이지만, 장기적이고 공동체적인 관점에서는 훨씬 효율적인 선택이다. 공공 토지는 도시의 변화를 대비하는 보루이며, 시장 실패에 대응하는 새로운 대안과 표준을 만들어 낼 수 있기 때문이다.

용산 다크투어가 끝나고 나면 참가자들은 그동안 무심코 지나가기만 했던 공간들을 다시 보게 되었다고 말한다. "용산역 앞에서 용산 참사가 일어났다는 건 알고 있었지만 여기가 그 자리라고는 생각하지 못했다", "백화점처럼 변한 기차역에 어떤 문제가 있는지 처음 알게 됐다"는 것이 단골 후기다. 처지에 따라 공간에 대한 경험은 달라진다. 기차를 타기 위해 서울역을 잠시 거쳐 가는 사람과 갈 곳이 없어 종일 머무는 홈리스는 서울역을 완전히 다른 방식으로 이용한다. 낮은 계단 한 칸도 휠체어 이용자에게는 거대한 벽이다. 새 건물이 들어와 멀끔해진 도로가 노점상의 생계를 빼앗아 만든 자리라는 것을 생각할 수 있다면, 가난한 이들의 자리에서 도시를 읽는다면, 집과 도시에 대한 우리의 욕망을 조금은 낯설게 바라볼 수 있지 않을까.

4

콘크리트는 100년을 간다는데 콘크리트로 지어진 아파트는 30년을 가지 못한다. 한국 아파트들의 평균수명은 2005년 기준 26.95년. 이는 미국 71.95년, 프랑스 80.23년, 독일 121.3년, 영국 128.4년과 비교할 때 절반에서 4분의 1에도 미치지 못한다. 한국 아파트의 사용 연한이 유독 짧은 이유는 경제적 수명 때문이다. 수리해서 사용하는 것보다 전면 철거와 재건축이 더 많은 이윤을 보장한다. 30년이 넘은 주택은 안전 진단 없이도 재건축이 가능하다. 애초에 집을 지을 때 이런 경제적 연한을 고려하기 때문에 건물은 언제나 새로 지어지고, 기존의 것은 모두 폐기된다. 이때 폐기되는 것은 콘크리트뿐만이 아니다. 이곳에 살던 사람들도, 건물도, 역사도, 환경도 개발 앞에서는 폐기 대상에 불과하다.

애초에 이 글을 쓰기 시작한 취지는 가난한 이들의 기억으로 서울 곳곳을 다시 보자는 것이었다. 그런데 쓰다 보니 내가 만난 사람들에 대해 더 많은 이야기를 하게 되었다. 아무도 귀담아 듣지 않던 이들의 이야기야말로 삶의 진면목을 담고 있기 때문이다. 책이 나온 이후 더러 '작가'라는 호칭으로 불리기도 했지만 내가 듣고 본 것들을 옮겼을 뿐이라 '썼다'기보다는 '엮었다'고 해야 적절할 것 같다. 타인의 경험을 다시 말한다는 것은 간결한 주장으로 정리할 수 없는 일이라 기자회견문, 투쟁 결의문 쓰기가 가장 익숙한 나로서는 쉽지 않았다. 제대로 이해한 게 맞는지, 혹시 내 경험으로 멋대로 추론하지 않았는지 반복해서 확인하는 과정을 거쳐도 자꾸만 자신이 없었다.

이런 부담 속에서도 글을 계속 써내려 갈 수 있었던 것은 내가 좋아하는 사람들의 이야기를 알리고 싶었기 때문이다. 2016년 어느 여름밤 서울 한복판 남대문시장통에서는 노점상 800명이 거리에 누워 잠을 청했다. 서울뿐만 아니라 수도권 곳곳에서 노점을 하는 이들이 장사를 포기하고 남대문 노점상 철거를 막기 위해 달려왔다. 더러 젊은 사람들도 있었지만 대부분이 머리가 희끗한 분들이었다. 내 옆에 앉아 있던 한 할머니는 평생 가정주부로 살다가 남편이 떠나고 노점상이 되었다고 했다. 이런 일을 하면서 노년을 보내게 될 줄은 몰랐는데, 노점상이 되어 연합회에 가입하고 나서 난생처음 단풍놀이, 꽃구경을 가봤단다. 회의에 참석하면서 내 몫의 의견을 표현하는 법도 알게 됐다. 학교 동창 한 명 없는 본인에게 이 일이 얼마나 "사람 사는 것처럼 사는" 계기가 되었는지 말하던 할머니의 얼굴을 더 많은 사람들에게 보여 주고 싶었다.

막연한 편견을 거두고 한 번쯤은 이들의 이야기에 귀 기울여 주면 좋겠다. 타인의 실패에 점점 더 가혹해지는 세상에서 자신의 가난을 드러내며 싸운다는 게 쉬운 일은 아니다. 어느 순간 함께 싸우더라도 결국 자기 몫의 아픔이 찾아오겠지만, 이 용기 있는 사람들의 외로운 시간이 견딜 만한 것이면 좋겠다.

5

2010년 빈곤사회연대에 처음 왔을 때 내 각오는 짧으면 3년, 길면 5년을 함께하는 것이었다. 하지만 어느덧 15년을 넘기게 된 것은 매일매일 작은 기쁨과 호기심을 안겨 준 사람들이 있었기 때문이다. 빈곤사회연대를 비롯해 하루하루를 헤쳐 나갈 용기를 주는 반빈곤운동의 동료들, 그리고 이런저런 걱정을 하면서도 묵묵히 곁을 내준 가족과 친구들에게 감사를 전한다.

상도동 강제 철거 현장. 2011년.

상도동 철거촌. 2011년 1월 17일.
ⓒ 빈곤사회연대

박준경이 살던 아현2구역 철거 현장. 2018년 12월 4일.
현재는 마포더클래시 아파트가 들어서 있다.
ⓒ 최인기

서울역 동쪽에 위치한 동자동 모습. 2019년.

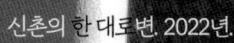
신촌의 한 대로변. 2022년.

시민 보행권 보호구역

이 구간은 노점으로부터 시민의
보행권을 보호하기 위한 구역입니다.

국회 앞 '내놔라, 공공 임대' 농성장에서. 2022년 12월.
ⓒ 내놔라공공임대농성단

빈곤철폐의 날 퍼레이드
2018년 10월 17일. ⓒ 최인기

우리시대의 논리 31

【개정판】가난한 도시생활자의 서울 산책
쫓겨난 자들의 잊힌 기억을 찾아서

1판 1쇄. 2022년 10월 24일
2판 1쇄. 2026년 01월 20일
지은이. 김윤영

펴낸이. 안중철·정민용
책임편집. 이진실
편집. 윤상훈

펴낸 곳. 후마니타스(주)
등록. 2002년 2월 19일 제2002-000481호
주소. 서울 마포구 신촌로14안길 17, 2층(04057)

편집. 02-739-9929, 9930
제작. 02-722-9960

이메일 humanitasbooks@gmail.com
네이버 블로그/humabook
SNS/humanitasbook

인쇄. 천일인쇄 031-955-8083
제본. 일진제책 031-908-1407

값 18,000원

ISBN 978-89-6437-498-6 04300
       978-89-90106-16-2 (세트)